Gert Nicolaysen
Rechtsfragen der Währungsunion

Schriftenreihe
der
Juristischen Gesellschaft zu Berlin

Heft 132

W
DE
G

1993
Walter de Gruyter · Berlin · New York

Rechtsfragen der Währungsunion

Von
Gert Nicolaysen

Erweiterte Fassung eines Vortrages
gehalten vor der
Juristischen Gesellschaft zu Berlin
am 17. Februar 1993

W
DE
G

1993
Walter de Gruyter · Berlin · New York

Dr. *Gert Nicolaysen,*
Universitätsprofessor an der Universität Hamburg

∞ Gedruckt auf säurefreiem Papier,
das die US-ANSI-Norm über Haltbarkeit erfüllt.

Die Deutsche Bibliothek – CIP-Einheitsaufnahme

Nicolaysen, Gert:
Rechtsfragen der Währungsunion : erweiterte Fassung eines
Vortrages, gehalten vor der Juristischen Gesellschaft zu Berlin
am 17. Februar 1993 / von Gert Nicolaysen. – Berlin ; New
York : de Gruyter, 1993
  (Schriftenreihe der Juristischen Gesellschaft zu Berlin ; H. 132)
  ISBN 3-11-014135-3
NE: Juristische Gesellschaft ⟨Berlin⟩: Schriftenreihe der Juristischen
  . . .

Inhalt

I. Einleitung

Die Bestimmungen zur Wirtschafts- und Währungsunion sind das ökonomische Kernstück des Vertrags von Maastricht. In letzter Zeit ist darüber sehr viel geschrieben worden; die meisten rechts- und wirtschaftswissenschaftlichen Kommentare sind kritisch[1], zum Teil verlassen sie das Niveau wissenschaftlicher Argumentation und üben sich in Polemik. Die Diskussion fand ihren Niederschlag in mehreren Manifesten, von denen die Erklärung von 60 Ökonomen am bekanntesten geworden ist[2].

Der folgende Vortrag versteht sich nicht als bloße Information, sondern versucht zu zeigen, mit welchen rechtlichen Mitteln der Vertrag von Maastricht an die Verwirklichung der Währungsunion geht. Er soll kein Plädoyer für den Vertrag sein, auch wenn er von einem europäischen Standpunkt aus formuliert wurde.

Die *juristische* Fragestellung des Themas bedarf der Erläuterung: Währungsfragen sind in erster Linie Fragen der Wirtschaftspolitik; dafür sind die Wirtschaftswissenschaften zuständig, nicht die Juristen[3]. Die Legiti-

---

[1] Vgl. z. B. P. J. Tettinger, Weg frei für die Europäische Währungsunion? Maastricht und die grundgesetzlichen Hürden, RIW Beil. 3 zu 12/1992; H. A. Stöcker, Die Unvereinbarkeit der Währungsunion mit der Selbstbestimmungsgarantie in Art. 1 Abs. 2 GG, Der Staat 1992, S. 495; F.-U. Willeke, Inflationsgefahren einer Europäischen Währungsunion, Wirtschaftsdienst 1992, S. 294. Nicht mehr berücksichtigt werden konnten: Gramlich/Weber/Zehetner (Hrsg.), Auf dem Wege zur Europäischen Währungsunion, 1992; Kirchhof/Schäfer/Tietmeyer, Europa als politische Idee und als rechtliche Form, hrsgg. v. J. Isensee, 1993.

[2] S. R. Hrbek, Kontroversen und Manifeste zum Vertrag von Maastricht: Zur Einführung, Integration 1992, S. 225, mit den Texten: „Manifest von 60 Ökonomen gegen Maastricht" (a. a. O., S. 229); „Großbanken verteidigen Maastricht: Stellungnahme zum Manifest der 60 Ökonomen" (a. a. O., S. 230); „Für die Wirtschafts- und Währungsunion: Eine Stellungnahme europäischer Wirtschaftswissenschaftler" (a. a. O., S. 232); „Kritik deutscher Rechts- und Wirtschaftswissenschaftler an Maastricht" (a. a. O., S. 236); „Europa-Wissenschaftler plädieren für Maastricht" (a. a. O., S. 241). — Von einer „Schweigespirale", die eine Kritik am Vertrag von Maastricht schwer macht (H. H. Rupp, Muß das Volk über den Vertrag von Maastricht entscheiden? NJW 1993, S. 38), kann im Hinblick auf die Währungsunion keinesfalls die Rede sein.

[3] Eine ausführliche kritische Darstellung der währungspolitischen Probleme einer Europäischen Währungsunion bringt jetzt W. Nölling, Unser Geld. Der Kampf um die Stabilität der Währungen in Europa, 1993.

mation der Juristen, zugleich auch die Herausforderung an sie, entsteht mit der Umsetzung und Verankerung wirtschaftlicher, währungspolitischer Verhaltensregeln in Rechtsregeln. Damit kann die Beschreibung der Währungsunion sich ausgeben als (juristische) Darstellung von Gesetzesinhalten, damit besteht die Möglichkeit und zugleich Notwendigkeit, diese Texte *juristisch* zu lesen, das heißt auch, sie als Rechtssätze zu interpretieren, und es könnte sein, daß Rechtsnormen wie diese, wirtschaftsrechtliche Normen, Verhaltensregeln der Währungspolitik, in besonderer Weise interpretiert werden müssen, nämlich mit Rücksicht auf ihre wirtschaftspolitischen Gegenstände, Inhalte und Ziele.

Die Herausforderung geht noch weiter und berührt Grundsätzliches, nämlich die Leistungsfähigkeit des Rechts: Wie weit läßt sich Politik, Geld- und Konjunkturpolitik rechtlich festmachen, an juristische Regeln, Gesetze oder Verträge binden? Dabei lassen sich zwei Problemkreise unterscheiden, die gerade auch im Maastricht-Vertrag hervortreten und in der Diskussion beachtet werden müßten: zunächst das Spannungsverhältnis zwischen rechtlicher Bindung und Gestaltungsfreiheit, zum anderen die Durchsetzungsfähigkeit der bindenden Regeln: daß sie nicht nur auf dem Papier stehen, sondern befolgt werden. Beides sind für die Währungsunion elementare Fragen, und sie geben Aufschluß über den *juristischen* Anteil bei der Bewältigung der Aufgabe Währungsunion.

Die Phantasie mag ein Modell erlauben, in dem beide Fragen als juristisch gelöst vorgestellt werden. In diesem Modell — Wunschtraum oder Schreckbild — wäre der Währungsunion ein fester rechtlich verbindlicher Rahmen vorgegeben. Er würde Regeln enthalten für die Organe, ihre Zusammensetzung und ihre Befugnisse, und er würde ihre Instrumente festlegen und präzise Bindungen für ihren Einsatz, etwa in der Form von Indices für die Auslösung definitiver Handlungspflichten. Damit wäre die Geldpolitik in der Währungsunion Rechtsanwendung, also eigentlich nicht mehr Politik im Sinne freier Gestaltung, sondern Subsumtion. — Zum zweiten soll auch als gewährleistet gelten, daß diese Regeln eingehalten würden. Das läßt sich in verschiedener Weise denken, sei es daß alle Akteure, Gemeinschaftsorgane, Mitgliedstaaten, ggf. auch Unternehmen oder Bürger von sich aus das Gesetz befolgen, sei es daß sie durch Kontrollen und Sanktionen, z. B. auch durch die Gerichte, dazu gezwungen werden könnten.

Die Leistungsfähigkeit eines solchen hypothetischen Systems könnte *juristisch* allerdings nur begrenzt beurteilt werden. Nicht in unsere juristische Kompetenz fällt es zu sehen, ob solche Regeln überhaupt existieren, die dann rechtlich verfügbar gemacht werden könnten, und schon gar nicht, welche Inhalte diese Regeln haben müßten. Voraussetzung für die Funktionsfähigkeit *vor* ihrer juristischen Kodifikation wäre ihre *ökonomische* Richtigkeit, und eine ökonomische „Weltformel" für Wohlstand,

Wachstum und Stabilität existiert sicher nicht[4]. Auch der Maastricht-Vertrag nimmt sie nicht für sich in Anspruch und kann keine Garantie für eine stabile europäische Währung geben, indes liegen ihm ersichtlich wirtschaftswissenschaftliche Erkenntnisse über eine stabilitätsorientierte Wirtschaftspolitik zugrunde.

Es ist aber an dieser Stelle zu konstatieren, daß die Kritik am Vertrag, und zwar gerade auch die *ökonomische* Kritik, in einigen ihrer Schwerpunkte die *rechtliche* Funktionsfähigkeit des Systems angreift, etwa in dem Sinne, Regeln seien zweideutig oder nicht effizient, oder sie würden einfach nicht befolgt werden[5]. Das macht also juristische Überlegungen notwendig, in denen die Tragweite und die Bindungswirkung der Rechtsregeln über die Währungsunion auf dem Prüfstand steht.

Aus dem sehr umfassenden Thema der Währungsunion kann ich hier nur eine Auswahl der Rechtsfragen ansprechen. Ich werde einige Schwerpunkte setzen:

— Motive der Einführung einer Währungsunion;
— Rechtliche Sicherungen beim Eintritt in die Währungsunion (Konvergenzkriterien und ihre Prüfung);
— Das Funktionieren der Geldpolitik in der Währungsunion (EZB und ihre Rechtsbindungen);
— Die Einbindung der nationalen Wirtschaftspolitik (Fiskalpolitik) und ihre rechtliche Kontrolle in der Währungsunion.

Nicht behandelt werden Probleme des deutschen Verfassungsrechts[6], die jedenfalls zu einem Teil durch die Ergänzung des Art. 88 GG über die Errichtung der Bundesbank bewältigt worden sind. Sie lautet: „Ihre Aufgaben und Befugnisse können im Rahmen der Europäischen Union

---

[4] Wirtschaftspolitik braucht Spielräume; sie muß auf unvorhergesehene, besonders auch extern verursachte Situationen flexibel reagieren, neue Ziele verfolgen und neue Instrumente einsetzen können. Ihr rechtlicher Rahmen muß auch für unterschiedliche politische Optionen offen sein.

[5] So heißt es z. B. im Manifest von 60 Ökonomen, a. a. O. (Fn. 2), die persönliche Unabhängigkeit der Gouverneure der EZB sei nicht gewährleistet und Sanktionen bei Verletzung des Stabilitätsziels fehlten; politische Einflußnahme auf die Wechselkurspolitik könnte die Geldpolitik stabilitätswidrig konterkarieren; einen Konsens, Preisstabilität als Priorität zu betrachten, gebe es nicht. Auf solche Argumente wird im folgenden einzugehen sein.

[6] S. dazu W. v. Simson / J. Schwarze, Europäische Integration und Grundgesetz. Maastricht und die Folgen für das deutsche Verfassungsrecht, 1992, bes. S. 48 und S. 56 ff.; H. J. Hahn, Der Vertrag von Maastricht als völkerrechtliche Übereinkunft und Verfassung. Anmerkungen anhand Grundgesetz und Gemeinschaftsrecht, 1992; H. Beisse, Verfassungshürden vor der Europäischen Währungsunion, BB 1992, S. 645; P. J. Tettinger, a. a. O. (Fn. 1); H. A. Stöcker, a. a. O. (Fn. 1); L. Müller, Verfassungsrechtliche Fußnoten zum Maastrichter Vertrag, DVBl. 1992, S. 1249.

der Europäischen Zentralbank übertragen werden, die unabhängig ist und
dem vorrangigen Ziel der Sicherung der Preisstabilität verpflichtet". —
Ferner werden nicht erörtert die Chancen für das Inkrafttreten des
Vertragswerks[7] und nicht die politischen und rechtlichen Alternativen für
den Fall, daß die Voraussetzungen für sein Inkrafttreten zum 1.1.1993
bzw. zu einem späteren Termin gemäß Art. R Abs. 2 nicht erfüllt werden.

II. Gründe für eine Währungsunion

Ein häufiger Einwand, der auch die Staatslehre und das Staatsrecht
angeht, lautet, eine einheitliche Währung könne erst eingeführt werden
bzw. funktionsfähig sein, wenn ein Staat gegründet worden sei[8]: Zuerst
der Staat, dann die Währung. Diese Formel wird — wenn überhaupt[9] —
historisch begründet, z.B. mit Erfahrungen der USA und des Deutschen
Reichs, anderseits der gescheiterten Unionsversuche, wie der deutsch-
österreichischen Union von 1857 bis 1867 oder der skandinavischen
Münzunion von 1872 bis 1931[10]. Demgegenüber wäre eher nach der
Logik dieser Deduktion zu fragen: Welche Funktionen des Staates fehlen
einer Währungsunion ohne staatliche Einheit? Dem wird nachzugehen
sein, und es wird sich zeigen, daß es im wesentlichen die staatlichen
wirtschaftspolitischen Funktionen neben denen der Zentralbank sind,
nämlich diejenigen, mit denen Geldwertstabilität geschaffen oder gestört
wird, vor allem also Haushalts- und Steuerpolitik[11]. Dieses Problem sieht
der Vertrag von Maastricht, und er versucht, es zu lösen. Es wird sogleich
zu erörtern sein, ob er es befriedigend gelöst hat.

---

[7] S. dazu O. Schmuck, Heterogene Diskussionslandschaft zu Maastricht: Die
Ratifizierungsdebatten zum Vertrag über die Europäische Union, Integration 1992,
S. 206.

[8] Z. B. P. J. Tettinger, a. a. O. (Fn. 1), S. 10 m. w. N. in Fn. 91; Deutsche
Bundesbank, Monatsbericht Februar 1992, S. 53.

[9] Vgl. R. H. Hasse, Geld und Währung in Europa unter veränderten Rahmenbedingungen: Von der Vision zur Realisierung? Diskussionsbeiträge zur Wirtschaftspolitik Nr. 18. Universität der Bundeswehr Hamburg, 1992, S. 24: „Wie viel
politische Union darüber hinaus (d. h. über eine gemeinschaftliche Geldpolitik
hinaus) notwendig ist, ..., ist bisher weder wissenschaftlich noch politisch gelöst
worden".

[10] Diese und weitere Beispiele bei W. Ritter, Was bedeutet Europa? EWS
1993, S. 1, 6 f.; die Beispiele könnten allerdings für die EWU nur fruchtbar gemacht
werden, wenn die Gründe des Scheiterns analysiert würden; ein Krieg, wie 1864/
1866 mit Österreich, ist z. Zt. in einer EWU nicht zu erwarten; die lateinische
Münzunion von 1865 beruhte auf dem Goldstandard und ist schon daher einer
modernen Währungsunion nicht vergleichbar.

[11] Vgl. M. Seidel, Probleme der Verfassung der Europäischen Gemeinschaft
als Wirtschafts- und Währungsunion, Fs. Bodo Börner, 1992, S. 417, 420 ff.

In einem anderen Punkt dürfte es sich als eher förderlich erweisen, daß ein europäischer Staat (noch?) fehlt: So sieht sich die europäische Zentralbank nicht einem Superstaat konfrontiert, der trotz aller Garantien eine laxe Geldpolitik von ihr verlangen könnte, sondern sie hat es mit zwölf Staaten neben der Gemeinschaft zu tun. Sie werden kaum zu einem Konsens gegen das vertraglich festgelegte Stabilitätsziel und gegen die garantierte Unabhängigkeit der Europäischen Zentralbank finden[12].

Das Problem der Parallelität oder Priorität — Staat oder Währung — erhält indes seinen zutreffenden Bezug, wenn der Zusammenhang zwischen der Währung und der Wirtschaft in seiner geographischen Perspektive in Betracht gezogen wird. Die ökonomischen Entwicklungen (neuerdings auch die ökologischen Erfordernisse) haben die Grenzen der Nationalstaaten des 19. Jahrhunderts, in denen wir noch leben, längst hinter sich gelassen: Die Wirtschaft operiert grenzüberschreitend, nicht nur im Handel und bei Dienstleistungen, sondern auch in den unternehmerischen Strukturen, in der Kooperation und in der industriellen Produktion. Die Grenzen Europas markieren den z. Zt. optimalen Wirtschaftsraum (auch in den globalen Polaritäten gegenüber den USA und Fernost), nicht mehr die Stadtwirtschaft des Mittelalters, auch nicht der Nationalstaat der ersten Jahrhunderthälfte. Die europäische Wirtschaftsintegration ist daher zu guten Teilen nur der Reflex ökonomischer Trends und Zwänge, nach denen z. B. rationelle Produktion auf höchstem technologischem Niveau, Forschung und Entwicklung größere Produktionseinheiten fordern, die sowohl im Kapitalbedarf wie im Absatzmarkt einen größeren Zuschnitt haben. Auch die Verbesserung der Verkehrsverbindungen und der Kommunikationstechniken sind zu nennen. Anderseits hat die Integration — in enger Wechselwirkung — die Anpassung an die ökonomischen und technologischen Entwicklungen erleichtert und ihnen die Schubkraft vermittelt, die die westeuropäische und in besonderem Maße die deutsche Wirtschaft in so spektakulärer Weise vorangebracht hat.

Spezielle ökonomische Gründe für eine Währungsunion, insbesondere die Vorteile oder die Notwendigkeit, im einheitlichen Wirtschaftsgebiet eines Binnenmarktes auch eine einheitliche Währung zu haben, lassen sich mit einigen Beispielen demonstrieren, die z. T. auch an rechtliche Bestimmungen anknüpfen können[13].

— Fast schon populär ist die Rechnung mit den Transaktionskosten, die besonders beim Bargeldumtausch durch Bankgebühren und Kursver-

---

[12] A. Bleckmann fürchtet trotzdem einen solchen „vereinten Druck der Regierungen", s. Vertrag über die Europäische Union, DVBl. 1992, S. 335, 342; dazu noch unten.

[13] Im Manifest von 60 Ökonomen a. a. O. (Fn. 1) heißt es, es gebe „kein ökonomisch zwingendes Argument" für eine monetäre Einheit; allerdings werden die Gründe für diese Einheit weder genannt noch widerlegt.

12

luste entstehen. Der Modell-Reisende beginnt in Belgien mit 40 000 bfr und kommt nach einer Rundfahrt durch neun Mitgliedstaaten mit 21 300 bfr nach Brüssel zurück, das ist ein Verlust von 47 % — wohlverstanden ohne die sonstigen Kosten einer solchen Reise[14]. Zusätzlich fällt auch der Aufwand an Zeit und Arbeit ins Gewicht.

— Transaktionskosten müssen auch die Unternehmen im innergemeinschaftlichen Handel tragen. Für sie kommt die betriebliche Bewältigung der mit dem Devisenverkehr verbundenen Aufgaben hinzu; vor allem aber besteht für sie das ständige Risiko von Wechselkursschwankungen, und die Sicherung gegen Wechselkursrisiken erweist sich als ein weiterer Kostenfaktor[15]. Derartigen wirtschaftlichen Effekten sind diejenigen vergleichbar, die im Warenverkehr durch das Verbot von Maßnahmen gleicher Wirkung wie mengenmäßige Beschränkungen in Art. 30 EWGV oder durch die Dienstleistungsfreiheit im Gemeinsamen Markt aufgehoben werden[16].

— Solche Hemmnisse des Waren- und Dienstleistungsverkehrs sind bekanntlich durch das Europäische Währungssystem nicht beseitigt worden. Es läßt Kursschwankungen innerhalb der Bandbreiten und auch Paritätsänderungen zu, mit den geschilderten Konsequenzen.

— Auch im übrigen vermag das EWS eine Währungsunion nicht zu ersetzen. Die im EWS bestehenden Interventionspflichten der Zentralbanken[17] können deren nationale Geldpolitik beträchtlich belasten. So hat die Deutsche Bundesbank im September 1992 über 92 Milliarden DM zur Finanzierung der Intervention aufwenden müssen, in der Spitze 36 Milliarden an einem Tag[18], und der Geldmengeneffekt dieser Interventionen

[14] M. Emerson / Chr. Hühne, Der ECU-Report, 1991, S. 25 ff.
[15] M. Emerson / Chr. Hühne, a. a. O. (Fn. 14), S. 33 ff.
[16] Vgl. H. Matthes, Maastricht und das deutsche Interesse, Wirtschaftsdienst 1992, S. 513, 514: „Ohne die krönende Perspektive der Maastrichter Währungsunion bliebe freilich der große Binnenmarkt von 1993 eine höchst instabile Lösung".
[17] Die Interventionspflichten beruhen auf der Entschließung des Europäischen Rates über die Errichtung des EWS vom 5. 12. 1978 (abgedruckt in Kompendium von Gemeinschaftstexten im Bereich der Währungsunion, hrsgg. v. Währungsausschuß der EG, 1986, S. 43) sowie auf dem Abkommen der Zentralbanken der Mitgliedstaaten der EWG über die Funktionsweise des EWS (abgedruckt ebenda S. 48). In dem Abkommen heißt es in Art. 2 Abs. 2 S. 2: „Diese Interventionen sind zu den obligatorischen Interventionskursen unbeschränkt". Eine Aussetzung der Intervention, wie sie von Italien und Großbritannien seit 1992 erfolgt ist, könnte wohl auch seitens der Bundesrepublik vorgenommen werden; diese Möglichkeit hat offenbar die Bundesbank bewogen, die Teilnahme am EWS zu akzeptieren (vgl. O. Emminger, D-Mark, Dollar, Währungskrisen, 1986, S. 361 f.). Allerdings würde ein solcher Schritt mit Sicherheit das Ende des EWS bedeuten.
[18] Deutsche Bundesbank Monatsbericht Januar 1993, S. 23 f.

mußte danach mit dem kurzfristigen geldpolitischen Instrumentarium (hier Offenmarktgeschäften und Mindestreservesätzen) „neutralisiert" werden. Soweit diese Turbulenzen durch reale ökonomische Divergenzen verursacht wurden, können sie allerdings auch in einer Währungsunion Störungen bewirken; spekulative Transaktionen[19] sind dagegen innerhalb einer Union nicht mehr möglich.

— Störungen durch die Existenz nationaler Währungen und Währungspolitiken werden im EWG-Vertrag selbst durch Schutzklauseln ins Kalkül gezogen. So können die Mitgliedstaaten nach Art. 107 Abs. 2 EWGV ermächtigt werden, Paritäts-Manipulationen anderer Mitgliedstaaten mit geeigneten Maßnahmen abzuwehren. Ferner können nach Art. 108 Abs. 3 EWGV Mitgliedstaaten bei Zahlungsbilanzschwierigkeiten, die anders nicht zu bewältigen sind, von der Kommission zu Schutzmaßnahmen ermächtigt werden; nach Art. 109 Abs. 1 EWGV können sie bei „plötzlicher Zahlungsbilanzkrise" solche Schutzmaßnahmen auch von sich aus treffen. Diese Klauseln erlauben Abweichungen vom Gemeinschaftsrecht, insbesondere auch Eingriffe in den freien Warenverkehr. Sie setzen damit also elementare Grundsätze des Gemeinsamen Markts aufs Spiel und erweisen damit drastisch die Sprengkraft nationaler Währungspolitiken für die Integration[20]. — Die Schutzklauseln gelten auch noch während der Dauer der 2. Stufe (dann in Art. 109 h und 109 i EGV), ihre Geltung endet zum Zeitpunkt des Beginns der 3. Stufe (Art. 109 h Abs. 4 und Art. 109 i Abs. 4 EGV); sie werden indes auf Mitgliedstaaten angewendet, für die eine Ausnahmeregelung nach Art. 109 k EGV gilt (Art. 109 k Abs. 6 EGV).

— Schutzmaßnahmen sind auch im Kapitalverkehr möglich, selbst nach der Richtlinie 88/361 vom 24. 6. 1988[21], nach der spätestens bis zum 1. 7. 1990 die vollständige Liberalisierung des Kapitalverkehrs herzustellen war. Die Schutzklausel (Art. 3) ermöglicht weiterhin devisenrechtliche Beschränkungen im Fall von kurzfristigen Kapitalbewegungen von außergewöhnlichem Umfang, die starke Spannungen auf den Devisenmärkten hervorrufen und die Durchführung der nationalen Geld- und Devisenpo-

---

[19] In einer Entschließung des Europäischen Parlaments vom 30. 10. 1992 wird festgehalten, daß Spekulationsmanöver auf den Devisenmärkten „monetäre Entwicklungen prägen, die die wirkliche Situation der Volkswirtschaften nicht widerspiegeln" (ABl. C 305 v. 23. 11. 1992, S. 584, s. dort Ziff. 7).

[20] Beispiele für die Inanspruchnahme von Schutzklauseln s. bei K. Bünger / B. Molitor, Rdn. 39, 42, 47 zu Vorbem. zu Art. 102 a bis 109 in Groeben/Thiesing/Ehlermann, Komm. z. EWGV 4.A. 1991, so etwa das italienische Bardepot bei der Einfuhr von Waren (ABl. 1974, Nr. L 152 S. 18), Schutzmaßnahmen auch für Dänemark, Frankreich, Irland, das Vereinigte Königreich, Griechenland, z. T. bis in die jüngste Zeit.

[21] Richtlinie zur Durchführung von Art. 67 EWGV, ABl. 1988 L 178/5.

litik ernstlich stören. Die Maßnahmen setzen eine Ermächtigung der Kommission voraus, die Mitgliedstaaten können sie indes in dringenden Fällen auch autonom treffen. Für Griechenland galt schon nach der Richtlinie selbst (Art. 6 Abs. 2) eine Ermächtigung zur Beschränkung des Kapitalverkehrs bis zum 31.12.1992. Sie ist nunmehr verlängert worden[22]. — An dieser Grundfreiheit erweist sich wiederum, daß der Binnenmarkt unvollkommen ist, solange die Währungen und damit die Geldpolitiken in der mitgliedstaatlichen Souveränität verbleiben. — In der Währungsunion, und zwar schon in der 2. Stufe ab 1.1.1994 werden alle Beschränkungen des Kapitalverkehrs endgültig aufgehoben, mit geringfügigen Ausnahmen für steuerliche und statistische Zwecke und der Möglichkeit der Verlängerung bestehender Ausnahmen (Art. 73 a—73 e EGV).

— Ein nicht geringes Ärgernis bieten unterschiedliche Währungen und ihre untereinander veränderlichen Wechselkurse ferner im Zusammenhang der Agrarmarktordnungen, die mit gemeinsamen, in ECU festgesetzten Preispositionen operieren. Die seit 1969 immer wieder nötigen Paritätsänderungen sowie das freie Floaten einiger Währungen haben Maßnahmen eines Grenzausgleichs erforderlich gemacht. Zwar konnte dadurch das System gemeinsamer Preise für die betreffenden Produkte gehalten werden, aber nur durch ein kompliziertes System von Erstattungen und Ausgleichszahlungen im Handel zwischen den Mitgliedstaaten[23].

— Zu nennen ist weiter die Rolle des ECU in der Welt, z. B. gegenüber dem US-Dollar. Die Wirtschaftskraft der Europäischen Gemeinschaft kann sich auf den internationalen Finanzmärkten und im Weltwährungssystem mit einer einheitlichen Währung in ganz anderer Weise durchsetzen und Störungen und spekulative Irritationen leichter abwehren als bisher. Es ist allerdings ein unbewiesenes Gerücht, daß die jüngsten Turbulenzen im EWS auf einem gezielten Angriff beruhen könnten, der die Gründung der Währungsunion verhindern sollte.

Es sei noch ein letztes Argument angesprochen, auch wenn es in Deutschland eher europäisch-kontraproduktiv wirken könnte: die dominierende Position der DM als Ankerwährung und damit Abhängigkeiten anderer europäischer Währungen und Zentralbanken im EWS von der Politik der Deutschen Bundesbank[24]. Reminiszenzen an Versailles, die im

---

[22] Richtl. 92/122 v. 21.12.1992, ABl. L 409/33 v. 31.12.1991; Griechenland hatte eine Verlängerung bis zum 1.1.1995 beantragt; in der Richtlinie wird keine Frist genannt.

[23] Vgl. eingehend A. Schmid-Lossberg, Kontrolldichte im EG-Wirtschaftsrecht, Diss. Hamburg 1992.

[24] S. den Hinweis bei W. Nölling, a. a. O. (Fn. 3), S. 128 f. auf diese Entwicklung als entscheidendes Motiv besonders für die Position Frankreichs.

Streit um das französische Referendum aufkamen, haben dieses Argument bei uns kaum verständlicher gemacht. Einige Mißverständnisse lassen sich indessen ausräumen. So steht die Bundesbank objektiv in einem Konflikt: Sie ist durch das Bundesbankgesetz eingeschworen auf die Sicherung der deutschen Währung in ihrem eingegrenzten Zusammenhang der konjunkturellen Entwicklung in der Bundesrepublik. Ihre Geldpolitik zeitigt indessen grenzüberschreitend Wirkungen auf andere Währungsräume. Es ist eine offene Frage, ob die Bundesbank diese Wirkungen ihrer Instrumente auf die z. T. sehr verschiedenen Konjunkturlagen anderer Mitgliedstaaten in ihre Strategien einbeziehen dürfte oder im EWS gar müßte — jedenfalls tut sie es nicht[25]. Sie verursacht dadurch Effekte, die dort nicht angemessen sind, z. B. hohe Zinsen bei vorhandener großer Preisstabilität und bei Inflationsraten weit unter den deutschen. In einer derartigen Konstellation kann nicht die Rede davon sein, daß andere Mitgliedstaaten den deutschen Stabilitätskurs nicht akzeptieren oder sogar ihre Inflationsmentalität wieder durchschlüge.

Vielleicht erfüllt die Führungsrolle der DM einige mit Stolz. Die Bundesbank hat eher die Last mit der Verantwortung, die man ihr daraus zuweist. Europäisch paßt eine nationale Führungsrolle nicht in das Konzept, wer auch immer sie innehat. Die Integration — um wieder juristisch zu reden: die Verfassung der Gemeinschaft beruht von Anfang an auf dem Fundament der Gleichberechtigung, der Gegenseitigkeit, der Gemeinsamkeit. In einer Währungsunion kommt die Führungsrolle der Europäischen Zentralbank zu.

In *diesem* Panorama wirkt die bestehende Währungsvielfalt anachronistisch, und die aus dieser Perspektive entwickelten Argumente haben Gewicht, weil die Währung und somit der währungspolitische Befund eines Wirtschaftsraums, hier eines Binnenmarkts, in erster Linie wirtschaftlicher Beurteilung ausgesetzt ist[26]. Erst in zweiter oder dritter Linie ist daran zu denken, daß Geld vielleicht auch als Medium nationaler Identifikation zu bewerten sein kann[27], für uns die Deutsche Mark, aber sie offensichtlich in viel kürzerer historischer Abmessung als der Franc (14. Jh.), das Pfund (760 bzw. 1813) oder die Peseten (1868) unserer

---

[25] Vgl. dazu jetzt das „Zeitgespräch": Eine stärkere Außenorientierung der deutschen Geldpolitik? mit Beiträgen von R. Pohl, M. J. M. Neumann, D. Duwendag, in Wirtschaftsdienst 1993, S. 171.

[26] Es trifft zwar zu, daß auch ein gemeinsamer Markt mit verschiedenen Währungen existieren kann. (So H. Sherman, R. Brown u. a. [ed.], Monetary Implications of the 1992 Process, London 1990, S. 2.) Indes entwickelt sich dies mit fortschreitender Wirtschaftsintegration zunehmend zu einem Defizit (ebenda S. 10).

[27] S. dazu R. H. Hasse, a. a. O. (Fn. 9), S. 25.

Nachbarn[28]. Anderseits kann eine gemeinsame europäische Währung eine Anknüpfung für eine europäische Identifikation bieten.

Daß in dieser Weise die Fortschritte wirtschaftlicher Teilintegration Anstöße geben für die Einbeziehung weiterer Bereiche (spill-over Effekt) ist im übrigen Gegenstand funktionaler und neofunktionaler Integrationstheorien[29] und wird durch die Erfahrung der europäischen Integrationsgeschichte von der Montanunion bis zum Maastricht-Vertrag bestätigt. Die Bestrebungen der EWG, über die im Vertrag von 1957 begrenzte Zielsetzung einer losen Koordinierung der dort entschieden in nationaler Zuständigkeit verbleibenden Wirtschafts- und Währungspolitik (vgl. Art. 2, 6, 105, 107, 145 EWGV) zu einer Wirtschafts- und Währungsunion zu kommen, ist ein anschaulicher und eindrucksvoller Teil dieser Erfahrungen[30].

Eine sehr dezidierte Äußerung kommt von der Gipfelkonferenz in Den Haag vom 2. 12. 1969: Auf der Grundlage des Memorandum der Kommission vom 12. 2. 1969 soll ein Stufenplan für die Wirtschafts- und Währungsunion ausgearbeitet werden[31]. Das geschieht in der Entschließung des Rates und der Vertreter der Regierungen der Mitgliedstaaten vom 22. 3. 1971 über die stufenweise Verwirklichung der Wirtschafts- und Währungsunion in der Gemeinschaft[32], und schon am 1. 1. 1971 wurde danach in die erste Stufe eingetreten. Die Währungsunion ist damals in den Wirbeln der Ölpreiskrise gescheitert, und aus ihr blieb nur als ein fragmentarischer Restbestand die erste europäische Währungsschlange übrig. Auf ihrer Grundlage wiederum entstand 1979 aus der Zusammenarbeit von Giscard d'Estaing und Helmut Schmidt das Europäische Währungssystem (EWS), das seinen Weg durch die Klippen und Turbulenzen währungspolitischer Störungen gefunden hat.

Die lange Vorgeschichte muß erwähnt werden. Sie beweist: Die Währungsunion ist nicht erst eine Erfindung von Maastricht. Und auch die Maastricht-Union selbst war kein Blitz aus heiterem Himmel. Die Einheitliche Europäische Akte von 1987 bekräftigte erneut das Ziel[33]; am

---

[28] Als deutsche Einheitswährung datiert die „Mark" vom Münzgesetz v. 9. 7. 1873, als regionale Münzeinheit in Lübeck, Lüneburg, Hamburg (Mark Kurant, Mark Banco) und Wismar seit dem 16. Jh. (Wendischer Münzverein von 1379).

[29] S. dazu H. P. Ipsen, Europäisches Gemeinschaftsrecht 1972, S. 983.

[30] Vgl. Groeben/Thiesing/Ehlermann, Komm. z. EWGV 4. A. 1991, Vorb. Art. 102 a—109 Rdn. 30 ff.; G. Nicolaysen, Europäisches Gemeinschaftsrecht, 1979, S. 177 ff.; s. jetzt auch W. Nölling, a. a. O. (Fn. 3), S. 50 ff.

[31] EArch 1970, D 44.

[32] ABl. 1971 Nr. C 28.

[33] Die Präambel beruft sich dazu auf den Pariser Gipfel vom 19./21. 10. 1972, s. dazu Hilf/Pache in Groeben/Thiesing/Ehlermann, a. a. O. (Fn. 30), EEA Präambel Rdn. 36 ff.

26. 2. 1988 veröffentlichte der deutsche Außenminister ein „Memorandum für die Schaffung eines europäischen Währungsraumes und einer europäischen Zentralbank" als „Diskussionsgrundlage"; der Europäische Rat in Hannover vom 27./28. 6. 1988 setzte sodann einen Ausschuß ein, der „konkrete Etappen zur Verwirklichung dieser Union" prüfen und vorschlagen sollte[34]; dieser „Delors-Ausschuß" aus ca. zwanzig internationalen Experten von hohen Graden, unter ihnen — und offensichtlich mit starkem Einfluß[35] — Karl Otto Pöhl, erstellte seinen Bericht im Laufe des Jahres 1989[36], und er wurde durch den Europäischen Rat von Madrid am 26./27. 6. 1989 gebilligt, der zugleich den Beginn der ersten Stufe der Verwirklichung der Wirtschafts- und Währungsunion auf den 1. 7. 1990 festlegte[37]. Es folgten die Tagungen des Europäischen Rates vom 27./28. 10. 1990 und vom 14./15. 12. 1990[38] sowie am 9./10. 12. 1991 in Maastricht, und am 7. 2. 1992 wurde der „Vertrag über die Europäische Union" in Maastricht unterzeichnet, der die Bestimmungen über die Wirtschafts- und Währungsunion enthält, deren Vollendung mit der dritten Stufe ab 1996, spätestens am 1. 1. 1999 beginnt[39].

Die Europäische Währungsunion ist mithin kein neues Thema. Sie ist seit Jahrzehnten Gegenstand politischer und wissenschaftlicher Diskussionen; und auch in der Phase der abschließenden Konkretisierung konnten die Öffentlichkeit und die Fachwelt sich an den Diskussionen beteiligen[40]. Es ist daher unrichtig, eine „überhastete Einführung einer Europäischen Währungsunion" zu behaupten, wie es im Manifest von 60 Ökonomen (a. a. O.) geschieht. Wirtschaftlich wird sie ebensolange vorbereitet durch eine mit wechselndem Erfolg gemeinschaftlich gesteuerte und mitgliedstaatlich angestrebte Konvergenzpolitik, die hier nicht näher

---

[34] Text in EuR 1989, S. 290.

[35] In ihrem Monatsbericht Februar 1992, S. 53 schreibt die Deutsche Bundesbank, daß sie „intensiv beratend an den Vorbereitungsarbeiten für die Vertragsformulierung beteiligt" war. Sie bestätigt, daß ihre Empfehlungen sich in wichtigen Punkten im WWU-Vertrag niedergeschlagen haben. Die vorgesehene institutionelle Ausgestaltung stehe weitgehend im Einklang mit den Empfehlungen der Bundesbank.

[36] Text in EuR 1989, S. 274.

[37] Text in EArch 1989, D 403 ff., auch in EuR 1989, S. 291.

[38] Rom I und Rom II, s. die Schlußfolgerungen in EArch 1991, D 9 und D 97.

[39] S. Art. 109 j Abs. 3 und 4 EGV; s. dazu noch unten.

[40] Richtig ist, daß die deutsche Öffentlichkeit an der Entwicklung nicht oder erst sehr spät interessiert war (W. Nölling, a. a. O., S. 137); das gilt auch für große Teile der wissenschaftlichen Fachwelt. An mangelnder Informationsmöglichkeit kann das nicht gelegen haben. — Zu diesen Themen allgemein s. jetzt H. Hill, Staatskommunikation, JZ 1993, S. 330.

geschildert werden kann[41]. Diese Politik wird nunmehr in der ersten und in der zweiten Stufe gestrafft und konkretisiert, wie sogleich zu zeigen sein wird.

Ein Rückblick könnte die Einzelheiten der Diskussionen seit 1969 schildern, in der sich der Kampf um die Währungsunion abspielt. Als widerstreitende Kräfte sind wirtschaftliche Erfordernisse des Binnenmarkts in allgemeinen Umschreibungen als Trends und Zwänge sowie in einigen speziellen Argumenten bereits genannt; die Hindernisse, die bisher noch obsiegt haben, sind vielfältig. Sie sind vor allem in den Unterschieden der ökonomischen Entwicklung in den starken und schwachen Ländern zu sehen, die sich währungspolitisch im unterschiedlichen Grad der Stabilität der Währungen widerspiegeln, die zur Union zusammengeführt würden. Weiter sind institutionelle Probleme zu nennen: Wie soll die einheitliche Währung „gesteuert" werden, wie sind die dafür zuständigen Organe zu strukturieren[42]? Vor allem aber ist es eine besonders in Deutschland verbreitete Unsicherheit und Furcht vor den Stabilitätsrisiken, denen man eine neue, einheitliche europäische Währung ausgesetzt sieht. Konkret ist es die Besorgnis, die Steuerung der Währung, ihre Sicherung aus der Hand zu lassen und sie in Hände zu geben, in denen sie nicht gut aufgehoben sein könnte. Ein weiteres ist der Verlust an Staatlichkeit und Souveränität.

Im folgenden wird diesen Bedenken nachgegangen. Vor der Juristischen Gesellschaft können die Annäherungen an eine Antwort nur juristisch versucht werden. Es wird also nach juristischen Sicherungen gefragt, nicht nach ökonomischen Gesetzen, auch nicht nach politischen Hoffnungen. Nach Möglichkeit müssen wir auch Auskunft geben über die Zuverlässigkeit der juristischen Sicherungen.

Dem Weg folgend, den der Maastricht-Vertrag für die Währungsunion vorzeichnet, sind in dieser Erörterung drei Phasen zu trennen: 1) Die Schritte, die in den ersten beiden Stufen zur Vorbereitung der Union zu tun sind und mit denen die Voraussetzungen für ihre Gründung (den Eintritt in die dritte Stufe) geschaffen werden sollen. 2) Der Eintritt in die Union, insbesondere die Prozeduren, mit denen die Voraussetzungen geprüft werden und über die Gründung entschieden wird. 3) Das Funktionieren der Währungsunion, also die Organisation der Europäischen Zentralbank und die Regeln ihrer Geldpolitik sowie die flankierenden Bestimmungen über die Wirtschafts- und Haushaltspolitik der Mitgliedstaaten.

---

[41] Vgl. dazu nochmals Groeben/Thiesing/Ehlermann, a. a. O. (Fn. 30) und G. Nicolaysen, a. a. O. (Fn. 30).

[42] Das war eine offene Frage in der Entschließung vom 22. 3. 1971 (s. o. Fn. 32).

III. Die Überleitung zur Währungsunion

Die *erste Stufe* der Wirtschafts- und Währungsunion hat am 1.7.1990 begonnen[43]. Zu ihrer Verwirklichung dienen zwei Entscheidungen des Rates vom 12.3.1990: Die Entscheidung zur Erreichung einer schrittweisen Konvergenz der Politiken und der wirtschaftlichen Ergebnisse während der ersten Stufe der Wirtschafts- und Währungsunion[44] und der Beschluß des Rates über die Zusammenarbeit zwischen den Zentralbanken der Mitgliedsländer der EG[45].

Die Entscheidung sieht eine „multilaterale Überwachung" der Wirtschaftspolitiken vor, die „alle Aspekte der Wirtschaftspolitik sowohl in kurz- wie auch in längerfristiger Perspektive" umfaßt und auf Berichten und Untersuchungen der Kommission basiert. Die Überwachung soll zunehmend zu kompatiblen Wirtschaftspolitiken mit konkreten Verpflichtungen der Mitgliedstaaten führen. Vorerst kann der Rat indes nur wirtschaftspolitische Anregungen geben und auf Vorschlag der Kommission wirtschaftspolitische Empfehlungen aussprechen (vgl. Art. 2 Abs. 2 der Entscheidung). — Zur Durchführung hat der Rat die Mitgliedstaaten aufgefordert, mittelfristige Anpassungsprogramme auszuarbeiten und der Gemeinschaft mitzuteilen[46]. Ein Beispiel bietet die Genehmigung des belgischen Konvergenzprogramms für 1992—1996 am 23.11.1992[47].

Die *zweite Stufe* für die Verwirklichung der Wirtschafts- und Währungsunion beginnt am 1.1.1994 (Art. 109e EGV). Ihr Eintritt vollzieht sich automatisch, ohne weitere Voraussetzungen, als daß der Vertrag von Maastricht in Kraft ist. Ein besonderer Beschluß ist nicht erforderlich. Mit diesem Datum werden einige Regelungen wirksam. Das Ziel der 2. Stufe: Vorbereitung der Währungsunion, Konvergenz der wirtschaftlichen Entwicklungen in den Mitgliedstaaten, und zwar im Sinne weiterer Stabilisierung.

Zum Beginn der 2. Stufe wird ein „Europäisches Währungsinstitut" (EWI) errichtet, das aus den Präsidenten der nationalen Zentralbanken besteht (Art. 109f Abs. 1 und 2 EGV). Das EWI ist eine Vorstufe der Europäischen Zentralbank der Währungsunion. Es hat Aufgaben im Europäischen Währungssystem (EWS) im Sinne einer Verstärkung der Zusammenarbeit und Koordinierung der Geldpolitik der Zentralban-

---

[43] Beschluß des Europäischen Rates in Madrid vom 26./27.6.1989, s.o. Fn. 37.
[44] ABl. L 78 v. 24.3.1990, S. 23.
[45] ABl. ebenda S. 25.
[46] Mitteilg. d. Kommission am 3.7.1991 und Schlußfolgerungen des Rates am 8.7.1991, s. Bull. EG 7/8-1991, Ziff. 1.1.2. (S. 11 f.).
[47] Bull. EG 11-1992, Ziff. 1.3.1. (S. 15).

ken, und es soll vorbereitende Arbeit leisten für die 3. Stufe (Art. 109 f
Abs. 2 und 3).

Als ein selbständiger Schritt der Liberalisierung werden am 1. 1. 1994
alle Beschränkungen des Kapitalverkehrs aufgehoben (s. oben).

Zur Vorbereitung der Währungsunion ist eine weitere Angleichung der
wirtschaftlichen und konjunkturellen Entwicklungen der Mitgliedstaaten
erforderlich. Daß die wirtschaftliche Konvergenz dem monetären Zusam-
menschluß vorausgehen muß und nicht umgekehrt erst die Währungsunion ein Instrument der wirtschaftlichen Koordinierung sein darf, ist die
(nicht unbestrittene) Lehre der „Ökonomisten"[48] (vor allem in der Bundesrepublik) und ist im Vertrag von Maastricht akzeptiert worden. Dem
dienen mehrjährige Konvergenzprogramme der Mitgliedstaaten unter der
Beobachtung von Rat und Kommission (Art. 109 e Abs. 2 EGV).

Der Konvergenz ist dabei das Ziel der Stabilisierung gesetzt, insbeson-
dere im Hinblick auf die Preisentwicklung und auf „gesunde öffentliche
Finanzen" (Art. 109 e Abs. 2 lit. a und b EGV). Das wird allgemein in der
Formel ausgedrückt, die Mitgliedstaaten seien bemüht, „übermäßige
öffentliche Defizite zu vermeiden" (Art. 109 e Abs. 4 EGV). Im schärferen
Zugriff sollen einige konkrete Vorschriften dieses Ziel absichern.

So gilt bereits vom Beginn der 2. Stufe an für alle Mitgliedstaaten und
die Gemeinschaften ein Verbot, bei der EZB oder den nationalen Zentralbanken Überziehungskredite oder andere Kredite aufzunehmen. Das
schließt auch die Gebietskörperschaften und öffentlichen Unternehmen
ein (Art. 109 e Abs. 3 mit 104 EGV). Damit ist den Mitgliedstaaten der
Einsatz der Notenpresse zur Finanzierung ihrer Defizite verwehrt und
eine sprudelnde Quelle der Inflation verstopft[49]. Konsequenzen hat das
sogar für die Bundesrepublik: Selbst die nach § 20 BBankG auf 6 Milliarden DM begrenzten Kassenkredite des Bundes sind unzulässig, insoweit
und in den übrigen Regelungen für Sondervermögen und Bundesländer
muß § 20 BBankG aufgehoben werden.

Im Hinblick auf die Staatsverschuldung im übrigen und die Haushaltsdisziplin im allgemeinen wird der EG-Kommission die Aufgabe der
Überwachung zugewiesen. Bei der Entwicklung der Haushaltslage und

---

[48] Darstellung der Hauptstreitpunkte zwischen Ökonomisten und Monetari-
sten bei R. H. Hasse, Europäische Zentralbank, in: Aus Politik und Zeitgeschichte
B 7—8/92 S. 23, 25 ff.

[49] N. Berthold, Europa nach Maastricht — sind die währungspolitischen
Fragen gelöst? Wirtschaftsdienst 1992, S. 23, 25, sieht in einem solchen Verbot
einen entscheidenden Punkt; s. dazu auch schon den Wiss. Beirat beim Bundesmi-
nisterium für Wirtschaft, Europäische Währungsordnung, 1989, S. 22 zu einem
System, in dem der Staat Schulden tilgen und Zinsen mit einem Geld bezahlen muß,
das er nicht selbst herstellen kann.

der Höhe des öffentlichen Schuldenstandes soll sie „schwerwiegende Fehler" feststellen. Dabei werden ihr zwei Kriterien an die Hand gegeben, nämlich

— ein Referenzwert für das Verhältnis des Haushaltsdefizits zum Bruttoinlandsprodukt (BIP). Der festgelegte Richtwert dafür ist 3 %.
— ein Referenzwert für das Verhältnis des öffentlichen Schuldenstands zum BIP. Dieser Richtwert beträgt 60 %[50].

Werden die Kriterien nicht erfüllt oder sind sie gefährdet, so erstellt die Kommission einen Bericht (Art. 104 c Abs. 3 EGV). Bei einem übermäßigen Defizit legt sie dem Rat eine Stellungnahme vor (Art. 104 c Abs. 5 EGV). Sodann entscheidet der Rat mit qualifizierter Mehrheit (Art. 104 c Abs. 6 EGV) und richtet eine Empfehlung an den Mitgliedstaat. Wird diese Empfehlung nicht befolgt, so kann der Rat sie veröffentlichen (Art. 104 c Abs. 7 und 8 EGV). Weitere Maßnahmen, wie sie in der Endphase der Währungsunion möglich sind, kennt die 2. Stufe nicht (vgl. Art. 109 e Abs. 3 und 104 c Abs. 9 und 11 EGV; s. dazu noch unten). Das ist nur scheinbar eine Schwäche des Vertrags: Die Einhaltung der Haushaltsdisziplin nach den Kriterien erhält ihren viel stärkeren Nachdruck dadurch, daß sie mitentscheidend ist für die Beteiligung der Staaten an der Währungsunion.

IV. Der Eintritt der Währungsunion (3. Stufe)

Nach dem Vertrag von Maastricht ist dies die Sternstunde. Viele Horoskope sind auf sie gestellt, nicht alle sind günstig. Die juristische Analyse wendet sich den Verfahren zu und den Rechtsnormen, in denen die Voraussetzungen der Union fixiert sind. Hier konzentriert sich in besonderem Maße der juristische Beitrag zur Bewältigung der Gefahren, die der Währungsunion und ihrer Stabilität drohen.

1. Die Konvergenzkriterien

Ausgangspunkt und Grundlage für die Entscheidung, ob die Endstufe der Währungsunion beginnen soll und welche Mitgliedstaaten an ihr beteiligt sein sollen, sind die „Konvergenzkriterien" des Art. 109 j Abs. 1 EGV. Kommission und EWI prüfen und berichten, ob die einzelnen Mitgliedstaaten sie erfüllen und damit „ein hoher Grad an Konvergenz" erreicht ist; sie werden im „Protokoll über die Konvergenzkriterien nach Art. 109 j EGV" näher definiert:

---

[50] Zu den Überwachungspflichten und den Referenzwerten s. im einzelnen Art. 109 e Abs. 3 mit Art. 104 c Abs. 2.

— Ein hoher Grad an Preisstabilität. Die Definition ist relativ; sie wird auf die Inflationsrate der höchstens drei Mitgliedstaaten bezogen, die das beste Ergebnis erzielt haben, und sie soll nicht mehr als 1,5 Prozentpunkte darüber liegen. Bezugspunkt dafür ist das Vorjahr, indes verlangt die Definition in Art. 1 des Protokolls über die Konvergenz-kriterien zugleich „eine anhaltende Preisstabilität". Die unterschiedlichen Definitionen der Preisindices sollen vergleichbar gemacht werden (Art. 1 S. 2 Prot.).

— Kein „übermäßiges Defizit" in den öffentlichen Haushalten. Diese Voraussetzung wird am Nichtvorliegen einer Ratsentscheidung festgemacht, die während der 2. Stufe getroffen werden kann. Ihr Ausgangspunkt ist ein Haushaltsdefizit von mehr als 3 % des Bruttoinlandsprodukts und eine Gesamtverschuldung von mehr als 60 % des BIP. Weitere Faktoren werden berücksichtigt, so das Verhältnis zu investiven Ausgaben und die mittelfristige Haushalts- und Wirtschaftslage des Mitgliedstaats (vgl. Art. 104 c Abs. 3 EGV).

— Mindestens zweijährige Teilnahme am EWS mit normalen Bandbreiten „ohne starke Spannungen" und ohne autonome Abwertung.

— Dauerhaftigkeit der Konvergenz. Sie wird am durchschnittlichen Nominalzinssatz langfristiger öffentlicher Schuldverschreibungen gemessen, wiederum relativ, und zwar bezogen auf die höchstens drei Länder mit der geringsten Inflationsrate. Deren Zinssatz darf im Vorjahr um nicht mehr als zwei Prozentpunkte überschritten worden sein.

Diese vier Konvergenzkriterien sollen hier nicht in ihrer ökonomischen Relevanz und Zuverlässigkeit bewertet werden. Es versteht sich, daß sie unter den Wirtschaftswissenschaftlern im Detail umstritten sind[51]. Nimmt man indes die Vorschriften als gegeben, so bieten sie zunächst einen ziemlich festen und feststellbaren Ausgangspunkt und Rahmen für die Prozedur, in der nun über den Eintritt der 3. Stufe entschieden werden soll. Die folgende Tabelle zeigt die Entwicklung zu den Kriterien in den letzten Jahren.

---

[51] Unrichtig ist allerdings, daß die Erfüllung der Kriterien einmalig, stichtagsbezogen und damit zufällig sei (so das Manifest von 60 Ökonomen a. a. O. [Fn. 2]). Für die „dauerhafte Konvergenz" nach Art. 109 j Abs. 1 EGV wird nach dem Protokoll u. a. *neben* der Inflationsrate am „Stichtag" eine „anhaltende Preisstabilität" verlangt und die Feststellung eines „übermäßigen Defizits" gründet sich auf eine bereits vorliegende Ratsentscheidung nach Art. 104 c Abs. 6 EGV (Art. 2 Prot.). Auch die Teilnahme am EWS wird für die letzten zwei Jahre einbezogen. Es darf auch nicht außer Betracht bleiben, daß die Politik der Mitgliedstaaten, wie geschildert, seit Beginn der 1. Stufe einer immer strafferen Disziplin unterworfen wird.

	INFLATION (Deflator des priv. Verbrauchs)			HAUSHALTS- DEFIZIT (Finanzierungsdefi- zit des Gesamtstaats)			ÖFFENTLICHE BRUTTOSCHULD (in % des BIP)		
	1990	1991	1992	1990	1991	1992	1990	1991	1992
B	3,1	2,9	2,4	−5,7	−6,6	−6,7	128,3	130,1	132,2
DK	2,1	2,4	2,1	−1,4	−2,0	−2,3	66,7	72,2	74,0
D*	2,7	3,9	4,0	−2,0	−3,6	−3,4	43,6	45,0	−
D	−	−	4,8	−	−3,2	−3,2	−	42,2	43,3
GR	20,1	18,4	16,0	−18,8	−15,4	−13,4	96,3	102,0	106,7
E	6,4	6,3	6,0	−4,0	−4,9	−4,6	44,5	45,6	47,4
F	3,2	3,2	2,6	−1,4	−1,9	−2,8	46,7	48,5	50,1
IRL	1,7	3,2	2,9	−2,5	−2,1	−2,5	101,6	100,9	99,0
I	5,6	6,8	5,3	−10,9	−10,2	−10,5	97,8	101,3	106,8
L	3,6	2,9	3,4	− 5,0	−0,8	−0,4	6,9	6,1	6,8
NL	2,3	3,3	3,1	−4,9	−2,5	−3,5	78,8	78,3	79,8
P	12,6	11,9	9,1	−5,5	−6,4	−5,6	68,4	68,5	66,2
UK	5,3	7,2	5,1	−1,3	−2,8	−6,1	39,8	41,1	45,9
EC*	4,5	5,2	4,5	−4,1	−4,7	−5,4	59,5	61,4	−
EC	−	−	4,6	−	−4,6	−5,3	−	60,4	62,8

(*) Ausschließlich der neuen fünf deutschen Länder

2. Die Prüfung der Konvergenz

Grundlage sind die Berichte der Kommission und des EWI an den Rat (Art. 109 j Abs. 1 EGV); über die Kriterien hinaus werden berücksichtigt: Entwicklung des ECU, Integration der Märkte, Leistungsbilanzen, Lohnstückkosten. Auf der Grundlage dieser Berichte prüft der EG-Rat, ob die einzelnen Mitgliedstaaten und ob eine Mehrheit (ohne GB, evtl. DK) der Mitgliedstaaten „die notwendigen Voraussetzungen für die Einführung einer einheitlichen Währung erfüllt" (Art. 109 j Abs. 2 EGV). Der Rat gibt eine Empfehlung an den Rat der Staats- und Regierungschefs, das Parlament nimmt Stellung. Sodann trifft der Rat in der Zusammensetzung der Staats- und Regierungschefs die endgültige Entscheidung über den Eintritt in die 3. Stufe. Das geschieht auf der Grundlage der Empfehlung des Rates und unter gebührender Berücksichtigung der Berichte der Kommission und des EWI sowie der Stellungnahme des Europäischen Parlaments. Das bedeutet — je nachdem wie diese Vorgaben aussehen — wahrscheinlich eine deutliche Orientierung der betreffenden Entscheidungen. Sind diese Vorgaben überwiegend negativ, so wird sich der Europäische Rat kaum über sie hinwegsetzen. Eine juristische Bindung ist in ihnen allerdings nicht enthalten. Der verbindliche Entscheidungsrahmen wird vielmehr im Vertrag von Maastricht wie folgt in zwei Takten umschrieben:

— Erstens ist zu entscheiden, „ob eine Mehrheit von Mitgliedstaaten die notwendigen Voraussetzungen für die Einführung einer einheitlichen Währung erfüllt".

— Zweitens ist zu entscheiden, „ob es für die Gemeinschaft zweckmäßig ist, in die dritte Stufe einzutreten".

Angelpunkt für die Entscheidung ist mithin die Definition der „notwendigen Voraussetzungen für die Einführung einer einheitlichen Währung", die für die Empfehlung des Rates und für die Entscheidung der Staats- und Regierungschefs maßgeblich sind. Der Vertrag zeigt in den Konvergenzkriterien und in den zusätzlichen Aspekten, die in den Berichten der Kommission und des EWI zu berücksichtigen sind, auf welche Aspekte es ankommen soll. In der Bewertung bleibt indes ohne Zweifel ein Spielraum. Die eigentlich politische Entscheidung fällt jedoch im zweiten Takt nach dem Aspekt der Zweckmäßigkeit. Sie kann immer noch negativ ausfallen[52].

Die Entscheidung erfolgt „spätestens am 31.12.1996", in ihr wird für die Gemeinschaft der Zeitpunkt für den Beginn bestimmt (Art. 109 j Abs. 3 a. E.). Wenn aber bis Ende 1997 dieser Zeitpunkt *nicht* festgelegt worden ist, beginnt die Union am 1.1.1999 (Art. 109 j Abs. 4). Dann hat der Rat der Regierungschefs nur noch darüber zu entscheiden, *welche* Mitgliedstaaten die notwendigen Voraussetzungen erfüllen.

Für die Beteiligung der Mitgliedstaaten ist folgende Regelung maßgeblich:

Zunächst heißt es in jedem Fall, daß „die Gemeinschaft" in die dritte Stufe eintritt, entweder durch Ratsentscheidung bis Ende 1996 (Abs. 3) oder durch den automatischen Beginn am 1.1.1999 (Abs. 4). In beiden Fällen kann es aber Mitgliedstaaten geben, „denen eine Ausnahmeregelung gewährt wird". Darüber entscheidet der Rat mit qualifizierter Mehrheit, oder es sind dies die Staaten, die zum 1.1.1999 nicht die notwendigen Voraussetzungen erfüllen (vgl. Art. 109 k Abs. 1 EGV). Für diese Staaten gelten sodann die die Währungsunion konstituierenden Bestimmungen nicht (Art. 109 k Abs. 3 und 4), ihr Stimmrecht ruht in den betreffenden Fällen (Art. 109 k Abs. 5). Die Gewährung einer Ausnahme-

---

[52] Insofern trifft die Feststellung der Deutschen Bundesbank zu, die Frage, ob eine WWU errichtet werden solle, sei eine politische Frage; s. Monatsbericht Februar 1992, S. 53.

regelung wird mindestens einmal alle zwei Jahre oder auf Antrag des
betreffenden Mitgliedstaats im Verfahren nach Art. 109j Abs. 1 EGV vom
Rat in der Zusammensetzung der Staats- und Regierungschefs überprüft.
Sie wird aufgehoben, wenn der Staat die Voraussetzungen von Abs. 1
erfüllt (Art. 109k Abs. 2 EGV).

Für das Vereinigte Königreich und für Dänemark gelten nach den
Protokollen zum Vertrag Sonderregelungen. Beide Länder können dem
Rat notifizieren, daß sie nicht an der 3. Stufe teilnehmen werden. Das hat
u. a. zur Folge, daß sie nicht mitzählen bei der Entscheidung, ob eine
Mehrheit von Mitgliedstaaten die notwendigen Voraussetzungen erfüllt
(Art. 109j Abs. 2 EGV).

Demgegenüber ist die Bundesrepublik ohne Vorbehalt an den Vertrag
und sein Verfahren gebunden. Daran kann auch die Resolution des
Bundestags[53] bei der Ratifikation nichts ändern, und es ist schon fraglich,
ob die Bundesregierung von 1996 an diese Resolution, die kein Gesetz ist,
gebunden ist.

Was geschieht bei der Einführung der Währungsunion? Die nationalen
Währungen werden durch den ECU ersetzt. „Die ECU wird zu einer
eigenständigen Währung" (Art. 109l Abs. 4 EGV). Dazu müssen die
Umtauschkurse der nationalen Währungen festgelegt werden: Wieviel
ECU erhalten wir für unsere DM? Das ist ein konstitutiver Akt, es gilt
also nicht automatisch der jeweilige Kurs der ECU-Rechnungseinheit des
EWS. Hier besteht eine letzte Möglichkeit der Korrektur. Nötig ist ein ein-
stimmiger Beschluß der teilnehmenden Mitgliedstaaten und die Entscheidung des Rates, auf Vorschlag der Kommission, nach Anhörung der EZB.

V. Das Funktionieren der Währungsunion

1. Die Geldpolitik

Der Begriff „Geldpolitik" ist durch das Instrumentarium definiert, das
in der Bundesrepublik durch die Deutsche Bundesbank gehandhabt wird,
dort mit dem Ziel, durch die Steuerung der Geldmenge die Stabilität der
DM zu gewährleisten. Das BBankG spricht von der Aufgabe, die Währung zu sichern (§ 3 BBankG).

In der Währungsunion wird die Geldpolitik durch die „Europäische
Zentralbank" (EZB) in einem „Europäischen System der Zentralbanken"
(ESZB) gesteuert (Art. 4a EGV). Die Struktur ist in manchem der Orga-
nisation der Deutschen Bundesbank mit ihrem Zentralbankrat, dem
Direktorium und den Landeszentralbanken nicht unähnlich. So ist das
Beschlußorgan und leitende Organ des Systems der Europäische Zentral-

---

[53] EuGRZ 1992, S. 621.

bankrat. Die Einzelheiten der Organisation und der Befugnisse sind niedergelegt im „Protokoll über die Satzung des Europäischen Systems der Zentralbanken und der Europäischen Zentralbank".

Der *EZB-Rat* besteht aus den Präsidenten der nationalen Zentralbanken und dem Direktorium der EZB; in seiner Hand liegt die Geldpolitik der Union, er erläßt die notwendigen Leitlinien und trifft die Entscheidungen (Art. 12.1 Prot.). Die rechtlichen Befugnisse der EZB umfassen das Recht, Verordnungen und Entscheidungen zu erlassen (Art. 108 a EGV, 34 Prot.); sie wird auch das Recht haben, Unternehmen bei Nichteinhaltung der Pflichten aus diesen Rechtsakten mit Geldbußen oder Strafgeldern zu belegen (Art. 108 a Abs. 3 EGV, Art. 34.3 Prot.)[54]. Die EZB ist vor dem Gerichtshof klageberechtigt und kann verklagt werden; sie haftet nach den Regeln des Art. 215 EGV (Art. 35 Prot.).

Das *System* besteht aus der EZB und den Zentralbanken der Mitgliedstaaten (Art. 106 I EGV). Das ESZB ist das überwölbende Dach, die Zentralbanken der Mitgliedstaaten sind „integraler Bestandteil des ESZB", sie müssen die „Richtlinien und Weisungen" der EZB befolgen (Art. 14.3 Prot.). Zur Durchsetzung kann der EZB-Rat gegen die nationalen Zentralbanken ein Vertragsverletzungsverfahren durchführen, das dem Verfahren nach Art. 169 EWGV entspricht, also mit einem Urteil des Gerichtshofs endet (Art. 180 lit. d EGV)[55].

Die Präsidenten der nationalen Zentralbanken werden national bestimmt. Ihre Amtszeit muß indes mindestens fünf Jahre betragen (Art. 14.2 Prot.), die Gründe ihrer Entlassung sind beschränkt (u. a. „schwere Verfehlung"). Gegen die Entlassung kann der Betroffene oder der EZB-Rat Klage beim Gerichtshof der EG erheben (Art. 14.2 UA 2 Prot.). Die damit geschaffene individuelle Klagemöglichkeit vor dem Gerichtshof gegen einen mitgliedstaatlichen Rechtsakt gründet sich auf die künftige Zugehörigkeit der Nationalbanken zum ESZB und zeigt, welches Gewicht der EGV der persönlichen Unabhängigkeit beimißt.

Das *Direktorium* besteht aus sechs Personen: dem Präsidenten, dem Vizepräsidenten und vier Mitgliedern. In ihm sind also nicht alle Mitgliedstaaten vertreten (Art. 109 a II EGV). Die Mitglieder des Direktoriums werden auf der Ebene der Staats- und Regierungschefs ernannt, nach *Empfehlung* des Rates und *Anhörung* des Europa-Parlaments sowie des EZB-Rates; ihre Amtszeit beträgt acht Jahre ohne Wiederwahl; sie müssen Staatsangehörige der Mitgliedstaaten sein (Art. 11.2 Prot.).

---

[54] Zum Abstimmungsverfahren im EZB-Rat s. Art. 10.2 und 10.3 des Protokolls.

[55] Zur Stellung der nationalen Zentralbanken im einzelnen s. M. Potacs, Nationale Zentralbanken in der Wirtschafts- und Währungsunion, EuR 1993, S. 23.

Spezielle Aufmerksamkeit widmet der Vertrag von Maastricht der Unabhängigkeit der EZB und des ESZB. Hier ist deutlich die Handschrift der Bundesrepublik zu spüren. Die Garantie ist im Vertrag selbst enthalten (Art. 107 EGV): Weder die EZB noch eine nationale Zentralbank noch ein Mitglied ihrer Beschlußorgane darf Weisungen von Organen oder anderen Stellen einholen oder entgegennehmen. Im Gegenzug sind die Organe und Regierungen verpflichtet, diesen Grundsatz zu beachten und keine Beeinflussung der Beschlußorgane auch nur zu versuchen.

Besonders bemerkenswert ist die darin enthaltene Pflicht der Mitgliedstaaten, ihren eigenen Zentralbanken als Bestandteile des ESZB nach dieser Maßgabe Unabhängigkeit zu garantieren. Für die meisten Mitgliedstaaten bedeutet das eine ganz einschneidende Veränderung und einen Bruch mit gewohnten Vorstellungen und Traditionen[56]. In der Bundesrepublik wird wohl nur eine Vorschrift des BBankG geändert werden müssen: § 13 Abs. 2 S. 3, wonach die Bundesregierung ein für 14 Tage aufschiebendes Veto gegen Beschlüsse der Bundesbank hat[57]. – Die Unabhängigkeit im ESZB ist, wie gezeigt, funktionell, finanziell und durch die achtjährige Amtszeit ohne Wiederwahl auch personell abgesichert. Die sicherste Garantie ist indes nach jeglicher Erfahrung die individuelle Qualifikation der in ein so hohes Amt berufenen Persönlichkeiten[58].

Die Unabhängigkeit der EZB und der Mitglieder ihrer Beschlußorgane erscheint somit als rechtlich zuverlässig gesichert[59]. Damit sind sie dem unmittelbaren Zugriff der Organe von Mitgliedstaaten und Gemeinschaft entzogen, die zugunsten anderer Ziele die Währung aufs Spiel setzen könnten und nach mitgliedstaatlichen Erfahrungen (auch in der Bundesrepublik) dazu eher neigen als ein selbständiger geldpolitischer Entscheidungsträger. Währungen mit einer unabhängigen Zentralbank erreichen danach in der Regel einen höheren Grad an Stabilität als die von staatlichen Weisungen gesteuerten Währungen. Die Rechtspflicht der Zentral-

---

[56] Wie sehr das der Fall ist, zeigt eine Äußerung von Staatspräsident Mitterand vom 3. 9. 1992, der sich auch für die Geldpolitik der EZB nur vorstellen konnte, daß sie nach den Weisungen des Europäischen Rates ausgeführt werden würde; zitiert bei W. Steuer, Maastricht und der Deutsche Bundestag, Wirtschaftsdienst 1993, S. 138, 142 Fn. 16.

[57] Ebenso M. Potacs, a. a. O. (Fn. 55), EuR 1993, S. 31 Fn. 54.

[58] Vgl. auch H. Schlesinger, Hoffen auf den Thomas-Becket-Effekt, FAZ 27. 3. 1993, S. 13. Den „Thomas-Becket-Effekt" zitiert der Autor zum Beispiel der Bundesbank, „in der mancher zum überzeugen Stabilitätspolitiker wurde, der es vorher nicht so eindeutig gewesen war".

[59] So auch H. Schlesinger, a. a. O. (Fn. 58): „Was die Glaubwürdigkeit einer Europäischen Zentralbank betrifft, so wurde im Vertragstext das Wesentliche erreicht, um hohen Ansprüchen gerecht zu werden".

bank zur Stabilitätspolitik (s. dazu unten) setzt ihre Unabhängigkeit voraus.

Die Unabhängigkeit der EZB ist anderseits unter den Aspekten von Rechtsstaat und Demokratie nicht unproblematisch. Schon zur Deutschen Bundesbank hat einmal das BVerwG[60] sich mit solchen Bedenken auseinandersetzen müssen, hat indes festgestellt, daß die Bundesbank in ein Legitimationsgeflecht personeller und sachlicher Bindungen eingefügt ist und außerdem der Gesetzgeber jederzeit eingreifen könne. Bei der EZB ist das nicht ohne weiteres der Fall. Durch die Garantien der Unabhängigkeit ist sie aus dem Verfassungsgefüge der Gemeinschaft und der Mitgliedstaaten weithin herausgelöst; ihr Status kann nur durch Vertragsänderung modifiziert werden; niemand kann ihre Entscheidungen ändern oder aufheben.

Der Vertrag versucht indessen, den Zusammenhang der Geldpolitik mit dem wirtschaftlichen und politischen Umfeld in der Gemeinschaft durch verschiedene Wege der Kooperation des EZB-Rats mit dem Rat, der Kommission und dem Europäischen Parlament zu berücksichtigen (Art. 109 b EGV). Auch dafür gibt es einige Entsprechungen in vergleichbaren Verfahrensweisen im BBankG. Nach Art. 109 b EGV können der Ratspräsident und der Kommissions-Präsident ohne Stimmrecht im EZB-Rat an Sitzungen teilnehmen. Der Ratspräsident hat ein Antragsrecht im EZB-Rat. Anderseits wird der EZB-Präsident zu den Ratssitzungen eingeladen, „wenn dieser Fragen im Zusammenhang mit den Zielen und Aufgaben des ESZB erörtert". Jahresberichte der EZB an die Organe sollen über die Tätigkeit des ESZB informieren, eine Aussprache im Europäischen Parlament ist möglich. — Anhörungen des EZB-Präsidenten und der anderen Mitglieder des Direktoriums durch Ausschüsse des Europäischen Parlaments können vom Parlament oder von den genannten Mitgliedern des EZB-Rats verlangt werden. — Die Verfahren des Art. 109 b EGV beeinträchtigen die Unabhängigkeit der EZB nicht.

Die EZB erhält alle Befugnisse, die zur Ausführung der Geldpolitik nötig sind (Art. 105 EGV, Art. 2, 12 Prot.). Dazu gehören vor allem die Festlegung geldpolitischer Zwischenziele, die Entscheidung über die Leitzinsen und die Bereitstellung von Zentralbankgeld (Art. 12.1 Prot.), ferner die Durchführung von Offenmarktgeschäften, die nach den von der EZB aufgestellten allgemeinen Grundsätzen auch von den nationalen Zentralbanken ausgeführt werden können (Art. 18 Prot.). Die in Deutschland umstrittene, von den Kreditinstituten angegriffene Festsetzung von Mindestreserven kann auf der Basis einer vom Rat eingeführten Regelung durch die EZB erfolgen (Art. 19 Prot.). Schließlich kann der EZB-Rat

---

[60] BVerwGE 41, S. 334, 356 ff.

andere geldpolitische Instrumente einführen, eventuell nach Festlegungen des Rates (Art. 20 Prot.)[61].

Die EZB hält die offiziellen Währungsreserven der Mitgliedstaaten (Art. 3.1 Prot.) und hat für das reibungslose Funktionieren des Zahlungsverkehrs zu sorgen (ebenda).

Die Ausgabe von Banknoten ist Sache der EZB und kann mit ihrer Genehmigung auch von den nationalen Zentralbanken übernommen werden (Art. 105 a Abs. 1 EGV). Münzen werden dagegen von den Mitgliedstaaten ausgegeben werden, indes muß der Umfang der Ausgabe durch die EZB genehmigt werden. Ihre Stückelung und ihre technischen Merkmale (Gewicht und Größe) werden durch eine Verordnung des EG-Rats harmonisiert (Art. 105 a Abs. 2 EGV).

Schon mit Beginn der 2. Stufe werden Kredite der EZB an die Gemeinschaft und an die Mitgliedstaaten untersagt, und dieses Verbot gilt im Rahmen des ESZB auch für die nationalen Zentralbanken (s. o. zu III). Die EZB wird nur für die Geldpolitik innerhalb der Währungsunion zuständig sein. Die Wechselkurse gegenüber dritten Ländern und gegebenenfalls die Festsetzung der Außenparitäten des ECU bleiben dem Rat der EG vorbehalten. Sofern gegenüber dritten Ländern flexible Kurse bestehen, kann der EG-Rat „allgemeine Orientierungen" für die Politik gegenüber diesen Währungen aufstellen (Art. 109 II EGV); auch dabei ist vorrangiges Ziel die Preisstabilität in der Union. In einem System *fester* Paritäten werden die ECU-Leitkurse vom EG-Rat mit qualifizierter Mehrheit auf Empfehlung der EZB oder der Kommission mit Anhörung der EZB festgelegt und geändert[62].

Diese Kompetenz-Aufteilung wird z. T. kritisch betrachtet[63]. In der Tat kann die Wechselkurspolitik zu Interventionspflichten der Zentralbank führen, die im schlimmsten Fall die Geldmenge übermäßig erhöhen und Inflationswirkungen auslösen können. Im Delors-Bericht war die Handhabung der Wechselkurspolitik der EZB anvertraut[64]. Dabei ist daran zu erinnern, daß nach dem BBankG die Wechselkurspolitik in Deutschland bei festen Paritäten nicht zu den Befugnissen der Bundesbank gehört; sie

---

[61] H. Schlesinger, a. a. O. (Fn. 58), plädiert auch für die Einführung von Geldmengenzielen als „Kompaß der Geldpolitik und Stabilitätsanker"; ob das ein geldpolitisches Instrument im genannten Sinne ist, erscheint zweifelhaft. Die Bundesbank praktiziert die Aufstellung von Geldmengenzielen seit 1974 ohne eine ausdrückliche Grundlage im BBankG.

[62] S. dazu R. H. Hasse, a. a. O. (Fn. 48), Aus Politik und Zeitgeschichte B 7—8/92, S. 28 f.

[63] R. H. Hasse a. a. O. (Fn. 62).

[64] A. a. O. EuR 1989, S. 274, Ziff. 31, 60.

wird — nach Konsultation der Bundesbank — von der Bundesregierung wahrgenommen[65]. Den Bedenken will der Vertrag mit der Verpflichtung des EG-Rats auf die Preisstabilität entgegenwirken. „Nichtinflationäres Wachstum" ist nach Art. 2 EGV eines der Ziele der Gemeinschaft, und in Art. 3 Abs. 2 EGV wird die Wechselkurspolitik vorrangig auf das Ziel der Preisstabilität festgelegt; in Art. 102 a EGV wird die Gemeinschaft durch die Verweisung auf Art. 3 a EGV nochmals an dieses vorrangige Ziel gebunden, und in Art. 109 Abs. 1 EGV selbst wird der Rat bei der Festlegung und Änderung der Leitkurse des ECU ausdrücklich zu einem „mit dem Ziel der Preisstabilität in Einklang stehenden Konsens" verpflichtet. Ebenso dürfen die allgemeinen Orientierungen des Rates bei flexiblen Wechselkursen das vorrangige Stabilitätsziel des ESZB nicht beeinträchtigen[66]. Dieses juristisch eindeutige Regelwerk wird ignoriert, wenn die Gefahr heraufbeschworen wird, „daß über politische Einflußnahme auf die Wechselkurse die Geldpolitik stabilitätswidrig konterkariert wird"[67].

Bei den Entscheidungen über den Einsatz ihres geldpolitischen Instrumentariums ist auch die unabhängige EZB rechtlichen Bindungen unterworfen. Wiederum kann man den Vergleich mit dem BBankG ziehen. Es setzt der BBank das „Ziel, die Währung zu sichern" (§ 3 BBankG). Der EG-Vertrag formuliert deutlicher und mehrfach: „Das vorrangige Ziel des ESZB ist es, die Preisstabilität zu gewährleisten" (Art. 105 Abs. 1 Satz 1, wiederholt in Art. 2 Prot., ebenso Art. 3 a Abs. 2 EGV). Mit dieser Priorität geht der Vertrag über das deutsche Gesetz hinaus, aber seine Zielsetzung ist wohl vergleichbar mit der *Praxis* der Bundesbank.

Ähnlich wie in Deutschland (§ 12 Satz 1 BBankG) wird auch der ESZB neben der hier vorrangigen Preisstabilität als Pflicht auferlegt, „die allgemeine Wirtschaftspolitik in der Gemeinschaft" zu unterstützen (Art. 105 Abs. 1 EGV, Art. 2 Prot.)[68]. Die Nachrangigkeit dieser allgemeinen Folgepflicht wird deutlich formuliert; sie gilt nur, „soweit dies ohne Beeinträchtigung des Ziels der Preisstabilität möglich ist"[69].

---

[65] Vgl. eingehend W. Hoffmann(-Riem); Rechtsfragen der Währungsparität, 1969.

[66] P. Bofinger, Europäische Zentralbank versus Europäisches Währungssystem, Wirtschaftsdienst 1992, S. 457, 458 sieht in dieser Regelung „ausreichend Vorsorge".

[67] So das Manifest von 60 Ökonomen a. a. O. (Fn. 2).

[68] Kritisch zu einer solchen Verpflichtung N. Berthold a. a. O. (Fn. 49), Wirtschaftsdienst 1992, S. 27.

[69] Zugleich wird das ESZB im Geltungsbereich dieser Pflicht in die allgemeine Zielsetzung des Art. 2 EGV eingebunden, der für „eine harmonische und ausgewogene Entwicklung des Wirtschaftslebens in der Gemeinschaft" die bekannten Ziele des magischen Vierecks präzisiert und ergänzt, z. B. um „ein hohes Maß an sozialem Schutz" sowie die „Hebung des Lebensstandards und der Lebensqualität".

Die Rechtspflicht der EZB zur Priorität einer stabilen Geldpolitik ist somit eindeutig. Durch die Unabhängigkeit des EZB-Rates wird sie rechtlich abgesichert[70]. Unzulänglichkeiten dieser Vertragsregeln, die kritische Zweifel rechtfertigen würden, sind nicht zu erkennen. So wird denn auch vielfach statt dessen geltend gemacht, Mitglieder des EZB-Rates oder Mitgliedstaaten würden diese Regeln nicht befolgen[71]. Eine solche Unterstellung eines Rechts- und Pflichtverstoßes ist schwer nachvollziehbar. Sie ist auch mit Hinweisen auf unterschiedliche Traditionen der Zentralbanken in den Mitgliedstaaten[72] nicht überzeugend zu begründen[73]: Maßgeblich sind die ratifizierten Texte, auch soweit sie in überkommene Vorstellungen hart eingreifen. Im übrigen wird in Deutschland oft verkannt, in welchem Ausmaß in den letzten Jahren in Europa Konsens über das Stabilitätsziel erreicht ist[74]. Die im Vertrag von Maastricht für die Geld- und Währungspolitik und für die Wirtschaftspolitik der Mitgliedstaaten enthaltenen Zielbestimmungen zur Stabilität (s. nochmals unten zu VI 1 b) sind unbestreitbar Ergebnis dieser Übereinstimmung[75].

2. Die Wirtschaftspolitik der Mitgliedstaaten in der Union

In der Währungsunion ist nur die Übertragung der geld- und währungspolitischen Befugnisse auf die Gemeinschaft vorgesehen. Die Stabilität einer Währung beruht indessen bekanntlich auf weiteren Faktoren, vor allem auf der öffentlichen Haushalts- und Steuerpolitik sowie auf der Einkommenspolitik der Tarifparteien (sofern nicht auch sie staatlich bestimmt oder beeinflußt wird).

---

[70] Vgl. den Monatsbericht der Deutschen Bundesbank für Februar 1992, S. 53: Das Statut für das ESZB „dürfte die rechtliche Grundlage dafür schaffen, daß die Geld- und Währungspolitik in der Währungsunion stabilitätsorientiert geführt werden kann".

[71] Vgl. etwa A. Bleckmann, a. a. O. (Fn. 12), DVBl. 1992, S. 342; R. Vaubel, Deutungen und Perspektiven aus wirtschaftswissenschaftlicher Sicht, in: R. Hrbek (Hrsg.), Die Entwicklung der EG zur Politischen Union und zur WWU unter der Sonde der Wissenschaft, 1993, S. 54, 56.

[72] Z. B. Bleckmann, a. a. O. (Fn. 71).

[73] Vgl. H. Schlesinger, a. a. O. (Fn. 58), der zum Bedenken aufgrund unterschiedlicher nationaler Interessen meint, man könne dies persönlich teilen, „wissenschaftlich zu begründen ist dies kaum".

[74] Dazu eingehend P. Bofinger, a. a. O. (Fn. 66), Wirtschaftsdienst 1992, S. 459; besonders betont wird dieser Aspekt auch in der Stellungnahme europäischer Wirtschaftswissenschaftler, bei R. Hrbek, a. a. O. (Fn. 2), Integration 1992, S. 232, u. a. mit dem Hinweis, daß Preisstabilität keine ausschließlich deutsche Tugend sei.

[75] Vgl. auch R. H. Hasse, Aus Politik und Zeitgeschichte, a. a. O. (Fn. 48), S. 28.

Zur Einkommenspolitik schweigt der Vertrag[76]. Sie ist indes auch in der Bundesrepublik angesichts der Tarifvertragsfreiheit (Art. 9 Abs. 3 GG) nicht oder kaum in die staatlichen wirtschaftspolitischen Zielsetzungen eingebunden; der Versuch der „konzertierten Aktion" (§ 3 StabG) wurde nicht fortgesetzt. In der Währungsunion würde eine regional (national) begrenzte extensive Lohnpolitik die Wettbewerbsfähigkeit der betreffenden Region herabsetzen, da sie nicht mehr durch Manipulation des Wechselkurses aufgefangen werden könnte[77].

Anders steht es mit der nationalen Fiskalpolitik. Das Problem ist schon eingangs benannt worden: Die Gemeinschaft erhält zwar die Geldpolitik, aber die Haushalts- und Steuerpolitik verbleibt in der Kompetenz der Mitgliedstaaten. (Das konjunkturpolitische Potential des Gemeinschaftshaushalts kann vorläufig noch vernachlässigt werden.) Mitgliedstaatliche Unsolidität in dieser Kompetenz könnte sich als Störfaktor ersten Ranges erweisen und alle geldpolitischen Anstrengungen des Maastricht-Vertrags und des ESZB konterkarieren[78]. Wie groß diese Gefahren sind, könnte nur eine quantifizierende Analyse des Störpotentials der einzelnen nationalen Haushalte erweisen. Hierbei wird zu differenzieren sein: Große Mitgliedstaaten könnten größere Störungen auslösen als kleinere, dabei wären die Effekte mehrerer gleichgerichteter Entwicklungen zu addieren. Letztlich bleibt indes offen, welche Einwirkungen dieser Art die Stabilität des ECU ohne größeren Schaden verkraften könnte.

Der Maastricht-Vertrag versucht daher, die nationalen Haushaltspolitiken in den Stabilitätskurs einzubinden, der für die Geld- und Währungspolitik der Gemeinschaft vorgeschrieben ist. Dabei mußte eine Linie gesucht werden, die vermittelt zwischen dem sehr hoch angesetzten Stabilitätsziel einerseits und andererseits den Vorstellungen über die verbliebene Souveränität der Haushaltspolitiken der Mitgliedstaaten, insbesondere ihrer Parlamente. Das Ergebnis ist ein sich aufstufendes Ensemble von Vorkehrungen, Bestimmungen und Verfahren.

---

[76] Art. 118 b EGV über die Entwicklung eines Dialogs zwischen den Sozialpartnern auf europäischer Ebene bis hin zu vertraglichen Beziehungen erscheint noch als wenig konkret und im Hinblick auf Lohnpolitik vorerst noch nicht ergiebig.

[77] So mit allem Nachdruck O. Sievert, Geld, das man nicht selbst herstellen kann, FAZ v. 26. 9. 1992, S. 13; ebenso P. Bofinger, a. a. O. (Fn. 66), Wirtschaftsdienst 1992, S. 460 f.; demgegenüber befürchtet F.-U. Willeke, Inflationsgefahren einer Europäischen Währungsunion, Wirtschaftsdienst 1992, S. 294, 297 eine „supranationale Koordinierung von Lohnstrategien".

[78] H. Matthes, Adäquate Regeln für die Fiskalpolitik der EG-Länder? Wirtschaftsdienst 1992, S. 409, 413 zeigt, daß in einer Währungsunion die Kosten einer unsoliden Fiskalpolitik einzelner Mitgliedstaaten, insbesondere den Zins- und Preisauftrieb, alle Länder zu tragen hätten.

Dabei ist als erstes daran zu erinnern, daß der Vertrag mit den in der
zweiten Stufe eingesetzten Konvergenzzielen und mit der vor der Währungsunion anhand der Konvergenzkriterien durchzuführenden Konver-
genzprüfung als Voraussetzung der Union und des Beitritts der ausge-
wählten Mitglieder zur Union eine Basis geschaffen und konfirmiert hat,
die größtmögliche Homogenität und einen starken Stabilitätskonsens
erwarten läßt.

Diese Schiene der Stabilität, die in die Währungsunion hineinführt, soll
den Kurs der Mitgliedstaaten in der Währungsunion weiterhin bestim-
men. Der Vertrag beginnt mit allgemeinen Zielsetzungen für die Gemeinschaft und die Mitgliedstaaten in Art. 3 a, die den zum Polygon erweiter-
ten Zielen des „magischen Vierecks" in Art. 2 EGV zuzuordnen sind.
Nach Hinweisen auf „offene Marktwirtschaft mit freiem Wettbewerb"
(Art. 3 a Abs. 1 und 2 EGV) wird dort wie folgt formuliert: „Diese
Tätigkeit der Mitgliedstaaten und der Gemeinschaft setzt die Einhaltung
der folgenden richtungweisenden Grundsätze voraus: stabile Preise,
gesunde öffentliche Finanzen und monetäre Rahmenbedingungen sowie
eine dauerhaft finanzierbare Zahlungsbilanz".

Die konkrete Anbindung an diese Ziele geschieht im Rahmen der
Wirtschaftsunion, die neben der von der Gemeinschaft getragenen Währungspolitik eine Koordinierung der Wirtschaftspolitik der Mitgliedstaaten vorsieht. Diese Koordinierung wird nochmals ausdrücklich auf die
gesamtwirtschaftlichen Zielsetzungen des Art. 2 verpflichtet (Art. 103 mit
102 a und 2 EGV). Sie wird ausgeführt durch „Grundzüge der Wirtschaftspolitik", die Gegenstand einer Empfehlung des Europäischen Rates an die
Mitgliedstaaten sind (Art. 103 Abs. 2 EGV). Obwohl die Empfehlung de
iure unverbindlich ist, wird die Vereinbarkeit der Wirtschaftspolitik mit
den Grundzügen vom Rat anhand von Berichten der Kommission über-
wacht und bewertet (Art. 103 Abs. 3 EGV). Diese Überwachung kann im
Fall der Abweichung der Wirtschaftspolitik eines Mitgliedstaates zu einer
nunmehr spezifizierten Empfehlung des Rates an den betreffenden Mitgliedstaat führen, die auch veröffentlicht werden kann (Art. 103 Abs. 4
EGV). Davon kann politischer Druck ausgehen, aber auch nicht mehr.

Demgegenüber ist die Überwachung der Haushaltsdisziplin der Mitgliedstaaten durch die Gemeinschaft schärfer konturiert, sowohl in den
Voraussetzungen wie auch in den Konsequenzen.

Ein Verbot ohne Ausnahme gilt (so wie in der 2. Stufe) für die Über-
hungskredite und Kreditfazilitäten der Mitgliedstaaten und der Gebietskörperschaften sowie öffentlicher Unternehmen bei der EZB und den
nationalen Zentralbanken (Art. 104 EGV).

Die nationale Politik der Staatsverschuldung im übrigen wird einleitend
unter die programmatische, in ihrem Gehalt indes rechtsverbindliche

Devise gestellt: „Die Mitgliedstaaten vermeiden übermäßige öffentliche Staatsdefizite" (Art. 104 c Abs. 1 EGV)[79].

Für die Einhaltung der Haushaltsdisziplin nach dieser Maßgabe werden konkrete Referenzwerte für die Staatsverschuldung festgelegt: 3 % des BIP als Höchstgrenze des Haushaltsdefizits, 60 % des BIP als Höchstgrenze der Staatsverschuldung. Einzelheiten ergeben sich aus Art. 104 c Abs. 2 EGV und dem Protokoll über das Verfahren bei einem übermäßigen Defizit.

Die Referenzwerte sind der Ausgangspunkt für ein bemerkenswertes Überwachungsverfahren, in dem „schwerwiegende Fehler" festgestellt und Maßnahmen zur Abhilfe getroffen werden können. Voraussetzung für die einleitende Feststellung ist indes zusätzlich, daß nicht die Tendenz rückläufig ist und dem Referenzwert nahekommt oder nicht nur eine ausnahmsweise Überschreitung vorliegt. Das Überwachungsverfahren beginnt mit einem Bericht der Kommission, der auch schon dann erstattet wird, wenn ein Mitgliedstaat nur eines der Kriterien erfüllt; die Kommission kann auch tätig werden, wenn sie die Gefahr eines übermäßigen Defizits sieht (Art. 104 c Abs. 2). In ihm wird auch das Verhältnis des Defizits zu den öffentlichen Ausgaben für Investitionen berücksichtigt; ferner werden weitere Faktoren einbezogen, insbesondere die mittelfristige Wirtschafts- und Haushaltslage des Mitgliedstaats (Art. 104 c Abs. 3)[80].

Die weiteren Schritte, die das eigentliche Sanktionsverfahren ausmachen, werden vom Rat beschlossen. Ihm legt die Kommission eine „Stellungnahme" vor (Art. 104 c Abs. 5 EGV), und nach ihrer Empfehlung sowie nach Prüfung der Gesamtlage entscheidet der Rat mit qualifizierter Mehrheit, ob ein übermäßiges Defizit besteht. Dabei wird ggf. die Stellungnahme des betreffenden Staates berücksichtigt, und dieser nimmt an der Abstimmung teil (Art. 104 c Abs. 6)[81]. Die Entscheidung wird mit einer Empfehlung (unverbindlicher Rechtsakt nach Art. 189 Abs. 5) verbunden, „dieser Lage innerhalb einer bestimmten Frist abzuhelfen"

---

[79] Art. 115 Abs. 1 GG demgegenüber setzt die Kreditaufnahme des Bundes in Relation zu investiven Ausgaben, ermöglicht aber darüber hinaus ihren konjunkturpolitischen Einsatz zur Erhaltung des gesamtwirtschaftlichen Gleichgewichts. H. Fischer-Menshausen, Rdn. 18 zu Art. 115 in: von Münch, GGK Bd. 3, 2. A., 1983, hält die Grenzen öffentlicher Verschuldung für nicht eindeutig bestimmbar. S. dazu auch BVerfGE 79, S. 311.

[80] Mit diesen Klauseln soll einer „mechanistischen Interpretation der Referenzwerte" vorgebeugt werden, so H. Matthes, a. a. O. (Fn. 78), Wirtschaftsdienst 1992, S. 410; auch P. Bofinger, a. a. O. (Fn. 66), Wirtschaftsdienst 1992, S. 460 betont die Notwendigkeit der Spielräume für eine diskretionäre Fiskalpolitik.

[81] Zur Beteiligung aller zwölf Mitglieder des Rates kritisch Th. Gäckle, Die Begrenzung von Budgetdefiziten in einer Europäischen Währungsunion, Wirtschaftsdienst 1992, S. 264, 269.

(Art. 104 c Abs. 7). Die Empfehlung, wie auch die nach dem Ermessen des Rates darauf folgenden Beschlüsse werden mit einer Mehrheit von zwei Dritteln der gewogenen Stimmen (gem. Art. 148 Abs. 2) gefaßt. Dabei ist von nun an der betroffene Mitgliedstaat nicht mehr an den Abstimmungen zu beteiligen (Art. 104 c Abs. 13). Mit diesen Maßnahmen kann die Gemeinschaft einen sich steigernden Druck ausüben. Die Veröffentlichung der Empfehlungen (Art. 104 c Abs. 8) soll die Öffentlichkeit mobilisieren, „Verzug" und Fristsetzung sowie Berichtspflichten über die Sanierung nach einem Zeitplan (Art. 104 c Abs. 9) sind bereits weniger subtile Pressionen, aber erst der folgende Katalog (Art. 104 c Abs. 11) bietet Möglichkeiten materieller Konsequenzen, die auf die Verschuldungspolitik zielen, indem vor weiterer Verschuldung die Veröffentlichung bestimmter Angaben verlangt werden kann, so daß die Kapitalmärkte gewarnt werden können, und indem die Europäische Investitionsbank um Überprüfung ihrer Darlehenspolitik ersucht werden kann. Substantielle Eingriffe sind schließlich die Pflichten zur Hinterlegung einer unverzinslichen Einlage sowie die Verhängung von Bußgeldern[82]. Da sie nicht mehr über die Zentralbanken zu finanzieren sind und die Kapitalmärkte für sie versiegt sein könnten, sollten sie echte haushaltspolitische Restriktionen und Konsequenzen für die Geldmenge erzwingen, insoweit also über den bloßen Symbolcharakter hinausgehen, der ihnen ohne Zweifel gleichfalls zukommt.

VI. Die Wirksamkeit der rechtlichen Bindungen

1. Rechtliche Bindungen und Spielräume

Die nähere Betrachtung des Vertragswerks von Maastricht ermöglicht einige zusammenfassende Schlußfolgerungen zu den eingangs aufgeworfenen Fragen zur rechtlichen Tragweite der für den Eintritt und das Funktionieren der Währungsunion aufgestellten Regeln. Der Befund zeigt das Bemühen, die Geldpolitik und ihren Rahmen in einem Ausmaß rechtlich zu binden und zu sichern, das ohne Beispiel ist. Anderseits muß ein solcher Versuch auf Grenzen stoßen, die wirtschaftlich und politisch begründet sind, sei es in den Schwierigkeiten ökonomischer Prognose, sei es in den Notwendigkeiten, den verschiedenen Entscheidungsträgern die Fähigkeit zu flexiblen Entscheidungen zu bewahren. Es sei am Ende wiederholt: Eine unverbrüchliche Garantie für wirtschaftlichen Wohlstand kann die Rechtsordnung nicht bieten.

---

[82] Kritisch zur möglichen Höhe der Bußgelder sowie zur voraussichtlichen Dauer des Sanktionsverfahrens Th. Gäckle, a. a. O. (Fn. 81), S. 270.

a) Der Rahmen einzelner Regelungen

Im einzelnen sind im Vertrag von Maastricht Unterschiede festzustellen, die sich aus der Struktur der Normen ergeben und auf ihre jeweilige Funktion und systematische Zuordnung zurückzuführen sind.

So gibt es eine große Zahl strikter Vorschriften, die keine Spielräume lassen und deren Vollzug uneingeschränkt kontrollierbar ist. Dazu gehören z. B. die Bestimmungen über die Zusammensetzung der Organe, die Verfahrensregeln zur Mitwirkung, Anhörung und Abstimmung, Zeitbestimmungen, eindeutige Verbote wie das der Kreditfazilitäten bei der EZB oder den Zentralbanken der Mitgliedstaaten (Art. 104 EGV), ebenso wie das der Erteilung von Weisungen an die EZB oder der Entgegennahme durch sie (Art. 107 EGV).

Eindeutig fixiert oder fixierbar sind ferner die Konvergenzkriterien in denjenigen Bestandteilen, die durch bezifferte Bestimmungen (wie Prozentsätze) definiert werden. Sie werden indes ergänzt durch wertende Begriffe, die bei der Handhabung Spielräume lassen, so z. B. wenn beim Haushaltsdefizit das Verhältnis zu investiven Ausgaben berücksichtigt wird (Art. 104 c Abs. 3 EGV) oder die Teilnahme am EWS „ohne starke Spannungen" vorausgesetzt wird.

Im Vergleich dazu läßt der Vertrag einen weiteren Rahmen, wenn der Rat in der Zusammensetzung der Staats- und Regierungschefs die endgültige Entscheidung über den Eintritt in die 3. Stufe, also über die Vollendung der Währungsunion zu treffen hat. Der Begriff der Erfüllung der „notwendigen Voraussetzungen" für die Einführung einer einheitlichen Währung ist einer exakten Definition nicht zugänglich. Auch insoweit ist das Ergebnis indessen nicht freier Beliebigkeit überlassen, zumal auf die Empfehlung des Rates als „Grundlage" verwiesen wird und die Berichte von Kommission und EWI sowie die Stellungnahme des Parlaments gebührend zu berücksichtigen sind. Im Gegensatz dazu wird der zweite Teil der Eintritts-Entscheidung mit dem Kriterium der Zweckmäßigkeit deutlich als politische Ermessensentscheidung qualifiziert. Dieses Ermessen wird indes dem Rat nur eingeräumt, sofern im ersten Teil der Entscheidung die „notwendigen Voraussetzungen" der Währungsunion bei einer Mehrheit der Mitgliedstaaten als erfüllt betrachtet werden. Zweckmäßigkeitserwägungen können also nicht fehlende Voraussetzungen kompensieren.

Die sehr wesentliche Entscheidung des Rates, für welche Mitgliedstaaten eine Ausnahmeregelung gelten soll (Art. 109 k Abs. 1 EGV), muß gleichfalls nach den Kriterien der „notwendigen Voraussetzungen" erfolgen. Das ist für den automatischen Beginn am 1.1.1999 in Art. 109 j Abs. 4 EGV ausdrücklich vorgesehen, wo auch auf das Procedere der

Entscheidung nach Art. 109 j Abs. 1 und 2 EGV verwiesen wird. Es muß indes gleiches für den Fall einer früheren Entscheidung nach Art. 109 j Abs. 3 EGV („spätestens am 31.12.1996") gelten, nachdem der Rat festgestellt hat, daß eine Mehrheit der Mitgliedstaaten die notwendigen Voraussetzungten für die Einführung einer einheitlichen Währung erfüllt. Es wäre jedenfalls nicht überzeugend und inkonsequent, Mitgliedstaaten im Verfahren des Art. 109 k Abs. 1 UA 1 EGV keine Ausnahmeregelung zu gewähren, obwohl sie nicht zu der „Mehrheit der Mitgliedstaaten" bei der Entscheidung über den Beginn der Union nach Art. 109 j Abs. 3 EGV gehören, obwohl also für sie ausdrücklich festgestellt wurde, daß sie die „notwendigen Voraussetzungen" nicht erfüllen. Auch die mindestens alle zwei Jahre erfolgende Überprüfung nach Art. 109 k Abs. 2 EGV läßt eine Aufhebung der Ausnahmeregelungen nur zu, wenn die betreffenden Mitgliedstaaten „die auf den Kriterien des Art. 109 j Abs. 1 beruhenden Voraussetzungen erfüllen".

Ein Beispiel für die Kombination von rechtlichen Bindungen mit Spielräumen für die jeweiligen Entscheidungen bietet das Verfahren bei der Überwachung der Haushaltsdisziplin der Mitgliedstaaten in der Währungsunion nach Art. 104 c EGV und dem Protokoll über das Verfahren bei einem übermäßigen Defizit. So sind die als Grundlage des Verfahrens dienenden Referenzwerte in Prozentwerten festgelegt, aber sie unterliegen wertenden Beurteilungen, z. B. ob das Verhältnis des Defizits zum BIP „erheblich und laufend" zurückgegangen ist oder ob das Verhältnis des öffentlichen Schuldenstands zum BIP „hinreichend" rückläufig ist und sich „rasch genug" dem Referenzwert nähert[83]. Werden die Kriterien nicht erfüllt, so trifft die Kommission eine Berichtspflicht, indes „kann" sie auch dann einen Bericht erstellen, wenn sie lediglich die Gefahr eines übermäßigen Defizits sieht. Die Entscheidung des Rates, ob ein übermäßiges Defizit besteht (Art. 104 c Abs. 6 EGV) hat die Empfehlung der Kommission und gegebenenfalls die Einlassung des betreffenden Staates zur Grundlage, darüber hinaus aber auch eine „Prüfung der Gesamtlage", die dem Rat ohne Zweifel Spielräume läßt. Die Feststellung eines übermäßigen Defizits hat in jedem Fall eine Empfehlung an den betreffenden Mitgliedstaat zur Folge (Art. 104 c Abs. 7 EGV). Alle weitere Verfahrensschritte bis zu der möglichen Verhängung von Geldbußen (Art. 104 c Abs. 8—11 EGV) stehen im Ermessen des Rates, werden also ausschließlich dadurch bestimmt, was der Rat mit der Zweidrittelmehrheit der gewogenen Stimmen (Art. 104 c Abs. 13 EGV) für zweckmäßig hält.

---

[83] S. dazu nochmals H. Matthes, a. a. O. (Fn. 78), Wirtschaftsdienst 1992, S. 410.

38

b) Zielbestimmungen: Stabilität

Die Gemeinschaft als ganzes, die Europäische Zentralbank und das System im besonderen Maße, aber auch die Mitgliedstaaten werden — wie gezeigt — im Vertragswerk von Maastricht mehrfach und in nachdrücklichen Formulierungen auf das Ziel der Preisstabilität verpflichtet: Art. 2 EGV proklamiert, neben anderem, das Ziel eines beständigen, „nichtinflationären" und umweltverträglichen Wachstums; Art. 3 a Abs. 2 EGV gibt den Mitgliedstaaten und der Gemeinschaft auf, bei der Festlegung und Durchführung einer einheitlichen Geld- sowie Wechselkurspolitik vorrangig das Ziel der Preisstabilität zu verfolgen; in Art. 3 a Abs. 3 EGV werden als Voraussetzung dazu u. a. stabile Preise und gesunde öffentliche Finanzen als „richtungweisende Grundsätze" genannt. Die mitgliedstaatliche und gemeinschaftlich koordinierte Wirtschaftspolitik wird in Art. 102 a und 103 EGV nochmals mehrfach auf die Ziele im Sinne des Art. 2 und die in Art. 3 a genannten Grundsätze verpflichtet. In der Währungspolitik wird das Regelwerk des Vertrags mit der Feststellung eröffnet: „Das vorrangige Ziel des ESZB ist es, die Preisstabilität zu gewährleisten" (Art. 105 Abs. 1 S. 1 EGV); auch hier werden die Grundsätze des Art. 3 a zitiert; diese Zielbestimmung wird in Art. 2 des Protokolls über die Satzung des ESZB und der EZB wiederholt. — Schließlich wird auch die Wechselkurspolitik des Rates an das Stabilitätsziel gebunden: Bei Vereinbarungen über ein Wechselkurssystem für die ECU gegenüber Drittlandwährungen sowie für die Entscheidungen über die ECU-Leitkurse innerhalb eines solchen Wechselkurssystems muß der Rat sich bemühen, „zu einem mit dem Ziel der Preisstabilität im Einklang stehenden Konsens zu gelangen" (Art. 109 Abs. 1 S. 1 und 2 EGV). Bei flexiblen Wechselkursen müssen die „allgemeinen Orientierungen", die der Rat insoweit für die Wechselkurspolitik aufstellen kann, „das vorrangige Ziel des ESZB, die Preisstabilität zu gewährleisten, nicht beeinträchtigen" (Art. 109 Abs. 2 S. 2 EGV).

Zielbestimmungen dieser Art sind für das deutsche Verfassungsrecht ein vertrautes Phänomen; es genügt, auf die sozialstaatliche Verpflichtung oder auf das gesamtwirtschaftliche Gleichgewicht (Art. 109 Abs. 2, 115 Abs. 1 S. 2 GG) hinzuweisen[84]. Staatszielbestimmungen sind im deutschen Recht unbestritten rechtlich verbindliche Verfassungssätze; sie bleiben nicht auf der Stufe des politischen Appells, der Absichtserklärung oder des bloßen Programms stehen: Eine staatszielwidrige Politik verstößt

---

[84] Vgl. dazu z. B. K. Vogel, in: Isensee/Kirchhof, Hdb. d. St.R. Bd. IV 1990 § 87 Rdn. 16 f.; P. Kirchhof ebenda § 88 Rdn. 296 f.; K. H. Friauf ebenda § 91, Rdn. 57; J. Isensee, § 98 Rdn. 209.

gegen die Verfassungsnorm[85]. Für die gemeinschaftsrechtlichen Zielnormen gilt nichts anderes[86].

Das Ziel der Preisstabilität unterscheidet sich überdies durch seine Zuordnung als Richtschnur für die Geld- und Wechselkurspolitik der Gemeinschaft und die Haushaltspolitik der Mitgliedstaaten in seiner rechtlichen Substanz von verfassungsmäßigen Verheißungen wie dem Recht auf Arbeit oder dem Recht auf Wohnung, wie sie zur Verfassungsreform in Deutschland diskutiert werden und in Landesverfassungen alter und neuer Bundesländer enthalten sind. Anders als sie ist es nicht dem Mißverständnis ausgesetzt, individuelle Ansprüche zu begründen; anders als sie bedeutet es zudem eine verbindliche Anweisung für den Einsatz der bereits vorhandenen Instrumentarien der Währungs- und Fiskalpolitik, deren Orientierung auf das Ziel festgelegt wird. Demgegenüber stehen Programme für Wohnungsbau oder Arbeitsbeschaffung jeweils unter dem Vorbehalt vorhandener Mittel, Verheißung und Leistungsvermögen geraten regelmäßig in Widersprüche[87].

Geldwertstabilität ist allerdings kein exakter Begriff; die Gefährdung oder Störung des Ziels ist nicht auf eine bestimmte, bezifferte Inflationsrate festzulegen, sie ist immer im Zusammenhang mit der Gesamtlage zu beurteilen, und nicht jeder über 0 % liegende Geldwertverlust bedeutet Inflation.

Die allgemeine Zielsetzung für die Wirtschaftspolitik der Mitgliedstaaten und der Gemeinschaft (Art. 2 und 102 a EGV) läßt die Relativität der Ziele deutlich erkennen, die dort ohne Priorität genannt werden. Dem „magischen Viereck", auf das noch Art. 104 EWGV und Art. 2 in der alten Fassung des EWGV zurückgreifen und das dem „gesamtwirtschaftlichen Gleichgewicht" des Grundgesetzes in der Ausformulierung von § 1 StabG entspricht, dessen Ziele auch für das Weltwährungssystem gemäß Art. IV Abschnitt 1 der Neufassung des Internationalen Währungsabkommens[88] gelten, werden in Art. 2 a EGV unter der Zusammenfassung einer „harmonischen und ausgewogenen Entwicklung des Wirtschaftslebens" weitere Ziele hinzugefügt, wie z. B. „ein hohes Maß an sozialem Schutz" und „die Hebung der Lebenshaltung und der Lebensqualität". Für die Operationalisierung solcher Zielbegriffe und ihrer Konkurrenz im Gemeinschaftsrecht läßt sich die Rechtsprechung des Bundesverfassungsgerichts fruchtbar machen, das im Urteil vom 18. 4. 1989[89] zu den Grenzen der

---

[85] Vgl. dazu nur den Bericht der Sachverständigenkommission „Staatszielbestimmungen — Gesetzgebungsaufträge", 1983, bes. S. 49 f. (Rdn. 59 f.).

[86] M. Zuleeg, in: Groeben/Thiesing/Ehlermann, Komm. z. EWGV, 4. Aufl. 1991, Art. 2 Rdn. 3 m. w. N.

[87] Dazu neuerdings wieder z. B. H. H. Klein, Staatszielbestimmungen — Die Verfassung als politischer Wunschzettel? Zeitschr. f. polit. Bildung 4/92, S. 78.

[88] Deutsche Fassung in BGBl. II 1978, S. 15.

[89] BVerfGE 79, S. 311.

Staatsverschuldung nach Art. 115 Abs. 1 S. 2 und 109 Abs. 2 GG die Formel vom gesamtwirtschaftlichen Gleichgewicht als „unbestimmten Verfassungsbegriff" qualifiziert hat, der dynamisch zu verstehen sei, so daß es für die Annahme einer Störungslage weniger auf die Daten zu den einzelnen Komponenten als auf die Entwicklungstendenz ankomme. Zugleich wird bei der Entscheidung über die Störungsabwehr die Berücksichtigung weiterer öffentlicher Interessen sowie allgemein- und sozialpolitischer Erwägungen als notwendig erkannt. — Mit diesen Aussagen hat das Bundesverfassungsgericht wohl über den Anlaß hinaus die Grenzen der rechtlichen Steuerbarkeit wirtschaftlicher Entwicklungen und wirtschaftspolitischer Entscheidungen durch allgemeine Zielformeln markiert.

Diese Ergebnisse sind zu modifizieren im Hinblick auf die speziellen Zielvorgaben des Maastricht-Vertrags für die Geldpolitik der Europäischen Zentralbank. In ihnen wird, wie gezeigt, der *Vorrang* der Preisstabilität festgelegt, und das bedeutet Vorrang vor allen anderen wirtschafts-, sozial- und allgemeinpolitischen Zielen. Damit hat sich insoweit offensichtlich ein Konzept durchgesetzt, das Geldwertstabilität als notwendiges Fundament für eine gedeihliche Wirtschaft und für die Realisierung anderer Ziele beurteilt. Der geldpolitische Spielraum der EZB ist durch die Verankerung dieser Priorität nachhaltig eingeschränkt, er wird indes nicht völlig aufgehoben; an eine absolut gebundene Entscheidung über den Einsatz der geldpolitischen Instrumente ist bei sinnvoller Auslegung der vertraglichen Zielbestimmungen nicht zu denken.

Mit der gewählten Formulierung wird der EZB die Sorge um die Sicherheit der Währung anvertraut; sie bedeutet, daß die EZB in erster Linie auf die Stabilität des ECU bedacht sein muß, aber nicht, daß andere Ziele der Wirtschafts- und Konjunkturpolitik außer Betracht bleiben müßten oder dürften; die EZB muß daher keinesfalls eine Null-Rate der Inflation anstreben, wenn dies zu Lasten einer „harmonischen Entwicklung" geht. Auch als vorrangiges Ziel ist der Begriff „Stabilität" auslegungsbedürftig, der Geldwert im Umfeld anderer ökonomischer Daten und Zusammenhänge zu sehen und der Einsatz geldpolitischer Instrumente im Hinblick auf das Ziel und auf weitere Wirkungen unter den Maßstab der Verhältnismäßigkeit zu stellen.

2. Die Durchsetzbarkeit des Rechts

Im vorigen Abschnitt wurde die Bindungswirkung der vertraglichen Vorkehrungen zur Sicherung der Stabilität des ECU in der Währungsunion beschrieben und analysiert. Wo solche Bindungen bestehen, beruhen sie auf der *Rechts*qualität der Bestimmungen als Bestandteil des Vertrags von Maastricht einschließlich der ihm zugehörigen Protokolle.

Allen Bedenken gegen die Wirksamkeit der Regelungen zur Währungsunion kann die unbezweifelbare Verbindlichkeit entgegengehalten werden, die das Recht diesen Regeln verleiht. Sie dürfen nicht mit Verheißungen, Versprechungen und Bekenntnissen verwechselt werden, wie sie in
politischen Erklärungen und Entschließungen enthalten sind: Deren
Glaubwürdigkeit gründet sich auf das Vertrauen, das man ihnen mehr
oder weniger schenkt, und findet seine Grenze in dem Mißtrauen, das
man ihnen entgegenbringt. Für das Recht ist demgegenüber die Glaubwürdigkeit nicht die zutreffende Kategorie der Beurteilung. Seine Verbindlichkeit beurteilt sich nicht nach Kriterien politischer Moral, sondern
allein unter dem Aspekt der Geltung, und an der rechtlichen Geltung
eines Vertrags ist nach seinem Inkrafttreten grundsätzlich nicht zu zwei-
feln. Zu verändern sind die vertraglichen Pflichten nur im Verfahren der
Vertragsrevision.

Die verpflichtende Wirkung rechtlicher Bestimmungen ist nicht davon
abhängig, daß sie mit Sanktionen oder Zwang durchgesetzt werden
können[90]. So enthalten auch — wie gezeigt — die Zielbestimmungen der
Wirtschafts- und Währungsunion in ihren bindenden Gehalten echte
Rechtspflichten für die jeweiligen Akteure in der Gemeinschaft und in
den Mitgliedstaaten. Mit dem Verdacht der Nichtachtung wird ihnen
daher der Willen zum Rechtsbruch unterstellt.

Im Fall der Feststellung eines „übermäßigen Defizits" eines Mitgliedstaats in der Währungsunion hat die Gemeinschaft zusätzlich die Möglichkeit, die Pflicht zum Abbau des Defizits mit Sanktionen durchzuset-
zen (Art. 104 c Abs. 11 EGV). Auch insoweit ist ihre Existenz und ihr
Einsatz nicht notwendig, um die Pflicht und die Befolgung des Beschlus-
ses nach Art. 104 c Abs. 9 EGV als verbindliche Rechtspflicht zu qualifi-
zieren. In dieser Perspektive erhält die Sanktionsmöglichkeit ihren Sinn
weniger oder seltener in der Notwendigkeit, die im Zweifel vertragstreuen
und willigen Mitgliedstaaten zu zwingen, als vielmehr einer vielleicht
skeptischen Öffentlichkeit den Nachdruck und die Stringenz dieser
Pflichten zu beweisen. Der Einsatz der Sanktionen ist daher zu recht in
das Ermessen des Rates gestellt[91].

Diese allgemeinen Überlegungen können durch einige spezifische
Aspekte des Europarechts ergänzt werden. Die Europäische Gemeinschaft ist eine Rechtsgemeinschaft[92]; das bedeutet u. a., daß ihre Existenz

---

[90] Ebenso der Bericht der Sachverständigenkommission, a. a. O. (Fn. 85),
S. 50 (Rdn. 60).
[91] Nach H. Matthes, a. a. O. (Fn. 78), Wirtschaftsdienst 1992, S. 413 f. sollte
bei der Handhabung der Sanktionen der pragmatische Charakter der Regeln
berücksichtigt werden, so daß eine „flexible Implantierung" erfolgen solle.
[92] W. Hallstein, Die Europäische Gemeinschaft, 1973, S. 31 ff.

42

auf dem Respekt aller Beteiligten vor den rechtlichen Regeln der Verträge beruht und daher durchweg nicht der zwangsweisen Durchsetzung bedarf. Ein Fundament dieses Zusammenhalts ist die gemeinsame Rechtskultur der europäischen Staaten, die sich in besonderem Maße mit der Integration entwickelt hat. Auf diesem Fundament beruht auch der Vertrag von Maastricht. Wenn er in Kraft tritt, haben ihm alle Vertragspartner zugestimmt, einige haben dafür ihre Verfassung geändert, es haben Volksabstimmungen stattgefunden. Dem in Europa erreichten Standard entspricht es, daß die damit eingegangenen Verpflichtungen erfüllt werden; ihm entspricht es nicht, die Partner von vornherein der Arglist zu verdächtigen.

Mit den Rechtsgründen verknüpft sich das Interesse. Jeder Beteiligte hat seine Karten im Spiel, alle sind auf das Funktionieren der Gemeinschaft im ganzen und des Systems im besonderen angewiesen. In diesen Kategorien erkennt jeder seinen eigenen Gehorsam als konstitutiv für das Ganze, niemand will daher mit seiner Verweigerung die Disziplin der anderen in Frage stellen. So gibt es zwar kleine Krisen, deren Tragweite lokalisiert werden kann, und so erweist sich eine große Krise alsbald als Existenzbedrohung und kann daher behoben werden, solange überhaupt der Wille zur europäischen Integration besteht.

In der rechtlichen Perspektive sind die Ergebnisse zur Verbindlichkeit und Durchsetzbarkeit der Verträge entschiedene Feststellungen, keinesfalls bloße Hoffnungen; schlimmstenfalls werden sie zu Forderungen, die mit effektiven Mitteln zu realisieren sind.

www.ingramcontent.com/pod-product-compliance
Lightning Source LLC
Chambersburg PA
CBHW050651190326
41458CB00008B/2519